गीतेश शर्मा

लेखक-पत्रकार गीतेश शर्मा का जन्म सन् 1932 में लखीसराय, बिहार में हुआ। वे अनीश्वरवादी, भौतिकवादी, चार्वाक और सांख्य दर्शन के अनुयायी रहे।

उन्होंने अंग्रेजी और हिन्दी दोनों भाषाओं में चौबीस से अधिक पुस्तकें लिखीं जिनमें प्रमुख हैं—'धर्म के नाम पर', 'टैगोर : एक दूसरा पक्ष', 'हो-ची मिन्ह और भारत', 'वियतनाम : 1982-2017', 'नागार्जुन और कलकत्ता', 'भगतसिंह का रास्ता', 'भारत : नेहरू का अवदान', 'भारतीय संस्कृति और हिन्दुत्व' (हिन्दी); 'इंडो वियतनाम रिलेशन्स : फर्स्ट टू ट्वेंटी फर्स्ट सेंचुरी', 'ट्रेसेज ऑफ़ इंडियन कल्चर इन वियतनाम' (अंग्रेजी) कई भाषाओं में उनकी रचनाओं के अनुवाद हुए। पच्चीस वर्षों तक उन्होंने कलकत्ता से लोकप्रिय साप्ताहिक 'जन संसार' का सम्पादन और प्रकाशन किया। भारत के अलावा एशिया, अमरीका, अफ्रीका एवं यूरोप के कई देशों का भ्रमण किया। विभिन्न विश्वविद्यालयों में आयोजित राष्ट्रीय व अन्तरराष्ट्रीय सेमिनारों में उनकी सक्रिय भागीदारी रही।

निधन : 2 मई, 2021

भारतीय संस्कृति
और
सेक्स

गीतेश शर्मा

राजकमल पेपरबैक्स

राजकमल पेपरबैक्स में
पहला संस्करण : 2019
दूसरा संस्करण : 2023

राजकमल पेपरबैक्स : उत्कृष्ट साहित्य के जनसुलभ संस्करण

राजकमल प्रकाशन प्रा.लि.
1-बी, नेताजी सुभाष मार्ग, दरियागंज
नई दिल्ली-110 002
द्वारा प्रकाशित

शाखाएँ : अशोक राजपथ, साइंस कॉलेज के सामने, पटना-800 006
पहली मंजिल, दरबारी बिल्डिंग, महात्मा गांधी मार्ग, प्रयागराज-211 001

वेबसाइट : www.rajkamalprakashan.com
ई-मेल : info@rajkamalprakashan.com

बी.के. ऑफसेट
नवीन शाहदरा, दिल्ली-110 032
द्वारा मुद्रित

मूल्य : ₹ 199

BHARTIYA SANSKRITI AUR SEX
by Geetesh Sharma

ISBN : 978-93-88933-08-7

अपनी बात

मेरे परमप्रिय मित्र हरिवंश चतुर्वेदी मेरे अवसान काल में भी यानी 87 वर्ष की उम्र में भी कहते रहते हैं कि आप स्वस्थ हों या अस्वस्थ, लिखना जारी रखें।

फलस्वरूप यह पुस्तक आपके सामने है। सेक्स को लेकर तथ्यपरक लेखन आज की परिस्थितियों के मद्देनजर लगभग असम्भव कार्य है। पुस्तक कैसी बनी, इसका निर्णय नामी-गिरामी समीक्षक नहीं, पाठक करेंगे।

राजकमल प्रकाशन के अशोक महेश्वरी का मेरे प्रति विशेष लगाव रहा है इसीलिए तो एक के बाद एक मेरी कई पुस्तकों का प्रकाशन कर पाठकों के वृहत्तर समाज के समक्ष प्रस्तुत किया।

अन्त में, कवयित्री कुसुम जैन हमेशा से ही मेरी प्रेरणास्रोत रही हैं। साठ वर्षों के साथी प्रेम कपूर का हमेशा सक्रिय सहयोग रहा।

कोणार्क और पुरी से सम्बन्धित कुछ छवियाँ भेजकर केन्द्रापाड़ा कॉलेज में अंग्रेजी की व्याख्याता प्रभामयी सामंतराय ने हल्का-फुल्का सहयोग किया। इसमें मैंने अपना ई-मेल एवं फोन नम्बर इसीलिए दिया है कि आप अपनी सहमति एवं गाली-गलौज के साथ असहमति खुलकर प्रकट कर सकें क्योंकि आजकल असहमति व्यक्त करने का एकमात्र जरिया गाली-गलौज ही रह गया है जिसे हिन्दू-संस्कृति कहा जा रहा है।

—गीतेश शर्मा

क्रम

हिन्दुत्व का मकड़जाल

च्यवन ऋषि के नाम से लोग भली भाँति परिचित हैं। ये भृगु ऋषि और पुलोमा के पुत्र थे। महाभारत के अनुसार जब ये माँ के गर्भ में थे तब एक राक्षस इनकी माँ को हड़पकर ले जाना चाहता था। च्यवन ऋषि को यह बर्दाश्त नहीं हुआ। वे क्रोध में गर्भ से बाहर निकल आए। इनके तेज से राक्षस वहीं भस्म हो गया।

अपना तपोबल बढ़ाने के लिए ये तप में बैठे, ध्यान में मग्न च्यवन ऋषि के शरीर पर मिट्टी भर गई, पौधे उग आए, यहाँ तक कि दीमक की बाँबी बन गई। उस बाँबी में केवल दो आँखें चमक रही थीं। राजा शरयाति अपनी बेटी सुकन्या के साथ आखेट पर निकले थे। सुकन्या ने बाँबी देख कौतूहलवश चमकती आँख में एक तिनका चुभो दिया। बस, क्या था? च्यवन ऋषि क्रोध में उबल पड़े। बाँबी को उखाड़ फेंका और सुकन्या के परिवार को श्राप दिया कि उनका मल-मूत्र बंद हो जाए। जाहिर है, इस घोर कष्ट को न सह पाने के कारण उन्होंने ऋषि से उपाय पूछा। ऋषि ने कहा कि इस कन्या से मेरा विवाह करोगे तभी मैं अपना श्राप वापस लूँगा।

च्यवन ऋषि वृद्ध थे और सुकन्या अपने पूरे यौवन में। अश्विनीकुमारों ने उनको जवान कर दिया। इस घटना का जिक्र ब्रह्म पुराण, महाभारत तथा और कई पुराणों में विस्तार से दिया गया है।

ऐसा कहा जाता है कि ये वही च्यवन ऋषि हैं जिन्होंने च्यवनप्राश बनाया जो औषधि बूढ़ों को जवान बनाने का दावा करती है। प्राचीनकाल के एक और वैद्य निघंटू ने अबरख को लेकर दावा किया कि इसके प्रभाव से हर रोज सौ स्त्रियों के साथ संभोग किया जा सकता है।

दरअसल उस समय संभोग क्रिया में निपुण वैद्य राजाओं के लिए मुख्यत: ऐसी ही औषधियाँ बनाया करते थे ताकि राजा अपनी रानियों से सहवास कर उन्हें संतुष्ट कर सकें।

पिछले कुछ वर्षों से भारतीय या हिन्दू संस्कृति को लेकर चर्चा जोरों पर है। जो लोग इस विषय पर केन्द्रित पुस्तकें व आलेख लिख रहे हैं, प्रवचन दे रहे हैं, उन सबको पढ़कर, सुनकर लेखक इस निष्कर्ष पर पहुँचने को बाध्य है कि इन्हें इस देश की संस्कृति के ककहरे का भी ज्ञान नहीं है। यदि होता तो बहुआयामी, बहुरंगी, किसी भी देश की तुलना में अतुलनीय हमारी संस्कृति का इतना संकुचित रूप पेश नहीं करते। इनका अध्ययन या तो अत्यन्त सीमित है, और यदि जानकारी है, तो किसी सोची-समझी साजिश के तहत वे संस्कृति का संकुचन कर रहे हैं।

भारतीय संस्कृति चार पायों पर खड़ी है। पहला पाया है धर्म, दूसरा है अर्थ, तीसरा काम और चौथा व अन्तिम पाया है मोक्ष। जाहिर है, इस संस्कृति में 'काम' का वही महत्त्व है, जो धर्म, अर्थ व मोक्ष का है।

इस लम्बे आलेख में धर्म, अर्थ और मोक्ष पर चर्चा न कर केवल 'काम' पर केन्द्रित संदर्भों पर संक्षेप रूप में चर्चा की जा रही है। संक्षेप में इसलिए क्योंकि समग्रता में चर्चा करने के लिए तो पूरा एक जन्म चाहिए। विशद रूप से लिखने के लिए किसी भी लेखक को सबसे पहले तथ्यों का संकलन करना होता है और उसके लिए उसे भारतीय संस्कृति से लेकर देश-विदेश में छपे सैकड़ों ग्रंथों तक को पढ़ना होगा, जिसकी शुरुआत प्रथम ग्रंथ ऋग्वेद से करनी होगी।

वैदिक, ब्राह्मण, उपनिषद्, पौराणिक युगों में श्रुति और लेखन के माध्यम से यह देखा गया है कि 'काम' को लेकर विशद रूप से चर्चा की गई है; और तो और, 'काम'-केन्द्रित विश्व में पहला ग्रंथ महर्षि वात्स्यायन ने ईसा पूर्व तीसरी-चौथी शती में 'कामशास्त्र' या 'कामसूत्रम्' शीर्षक से लिखा। गौरतलब यह है कि जिसने लिखा, उसे 'महर्षि' का दर्जा दिया गया तथा उनके लेखन को एक शास्त्र माना गया।

आगे कुछ भी लिखने के पहले मैं यह स्पष्ट करना चाहूँगा कि इस

आलेख में अपना कोई मत न देकर विभिन्न प्राचीन ग्रंथों में वर्णित तथा विभिन्न समयों में प्रचलित काम-क्रिया, रतिक्रिया, संभोग-क्रिया, काम-वासना और काम के प्रति आसक्ति, जो कुछ वर्णित है, उन उद्धरणों को उद्धृत किया गया है। निष्कर्ष सुधी पाठकों पर छोड़ता हूँ। पूछा जा सकता है कि विषयों के अगाध समुद्र से केवल 'काम' का ही चुनाव क्यों किया गया? जवाब सीधा-सा है कि जो विषय प्राचीन काल से धर्म, अर्थ, मोक्ष के साथ जीवन का अभिन्न अंग रहा, आज वह वर्जनीय क्यों बन गया? क्यों लोग इसकी चर्चा करने से कतराते हैं, या शर्माते हैं, जिसकी वजह से समाज में तरह-तरह की विकृतियाँ पैदा हो गई हैं; जिसका दुष्प्रभाव सारे समाज को भुगतना पड़ रहा है?

आगे कुछ भी लिखने से पहले 'हिन्दू' और 'हिन्दुत्व' शब्द पर चर्चा कर ली जाए। यह 'हिन्दू' शब्द विदेशियों का दिया हुआ है। कई भाषाओं में 'स' की जगह 'ह' का प्रयोग होता है। मसलन असमिया भाषा को लीजिए जिसमें साहित्य को 'हाहित्य', असम को 'अहम' के रूप में उच्चारित किया जाता है। इसी प्रकार जो विदेशी भारत आए उन्होंने सिन्धु के स्थान पर 'हिन्दू' उच्चारित किया और सिन्धु नदी के दक्षिण में रहने वालों को 'हिन्दू' के रूप में स्वीकार किया। जहाँ तक 'हिन्दुत्व' शब्द का सवाल है, लगभग सौ साल पहले 1922 में विनायक दामोदर सावरकर ने इसको गढ़ा और प्रचलित किया। इसलिए हिन्दू या हिन्दुत्व शब्द पर हम गर्व करें, यह किसी भी दृष्टि से उचित नहीं होगा।

जहां तक 'हिन्दू संस्कृति' का प्रश्न है, राष्ट्रीय स्वयंसेवक संघ के पुरोधाओं ने जिस रूप में इसकी व्याख्या की, पहले भी लिखा जा चुका है कि वह बहुत ही संकुचित और विकृत व्याख्या है, जो लोगों में इस संस्कृति के प्रति एक भ्रम पैदा करती है। चूँकि 1925 से अनवरत इस शब्द का मिला-जुलाकर एक ही ढंग से प्रचार-प्रसार किया गया है, जिसका नतीजा यह हुआ कि आम तौर पर लोगों ने इसी विकृत और संकुचित संस्कृति को ही 'हिन्दू संस्कृति' मान लिया।

जिन विद्वानों ने वास्तविकता पर आधारित तथ्यपरक व्याख्या की, उनको यह कहकर सिरे से खारिज कर दिया गया कि उन पर पश्चिम के

विद्वानों का प्रभाव है और वे एकांगी दृष्टि से संस्कृति को देखते हैं, जबकि सच्चाई यह है कि वेदों से प्रारम्भ कर भारतीय संस्कृति का समग्र रूप मनुष्य की समस्त जीवन-शैली के अच्छे-बुरे पक्ष को जाहिर करता है, जो समय के अनुसार बदलती रही है। एक उदाहरण पर्याप्त होगा। पति के अलावा परपुरुष से नियोग-प्रथा के तहत संतान-प्राप्ति के प्रावधान को वेदों से पुराणों तक मान्यता दी गई, जिसको आज का समाज किसी भी कीमत पर स्वीकार करना तो दूर, इसे घोर पाप की संज्ञा देता है।

हम जो भी व्याख्या देने जा रहे हैं, वह मूलतः भारत में प्रचलित धार्मिक पुस्तकों से ली गई है। किसी विदेशी विद्वान के मतामत को उद्धृत नहीं किया गया है। लिहाजा, इस लेखन को खारिज करने वाले हिन्दुत्वपंथी को वेद-पुराणों को खारिज करना होगा।

हमारे देश में एक प्रचलन यह भी रहा है कि हम प्राचीन धार्मिक ग्रंथों पर तिलक-चंदन चढ़ाते हैं, उनकी पूजा करते हैं, पर उन्हें पढ़ते नहीं हैं। पढ़ते तो संस्कृति के नाम पर जो दुष्प्रचार किया जाता रहा है, वह सम्भव नहीं था।

अब आइए मूल विषय पर, 'काम' यानी 'सेक्स' इस संस्कृति का प्रकृति-प्रदत्त आवश्यक व अभिन्न पहलू रहा है।

भारत में, जैसाकि पहले बताया जा चुका है, काम-केन्द्रित पहला ग्रंथ 'कामसूत्रम्' था और देवताओं की श्रेणी में काम के देवता 'कामदेव' प्रतिष्ठित रहे हैं। कौटिल्य का 'अर्थशास्त्र', मनु की 'मनुस्मृति', भर्तृहरि का 'श्रृंगार-शतक', कालिदास का 'अभिज्ञान शाकुंतलम्', जयदेव का 'गीत-गोविंदम्' और लगभग दो सौ साल पूर्व जम्मू-कश्मीर के कोकापंडित का 'कोकशास्त्र' आदि इसके प्रमाण रहे हैं कि भारतीय संस्कृति में 'काम पक्ष' को हमेशा महत्व दिया गया।

देवता हों या ऋषि-महर्षि या राजा-महाराजा, काम के प्रति उनकी आसक्ति से संस्कृत-साहित्य भरा पड़ा है।

कौटिल्य अपने 'अर्थशास्त्र' में कहते हैं कि 'कामेच्छा एक प्राकृतिक स्वभाव है, पुरुष व स्त्री दोनों इसके प्रभाव में हैं किन्तु पुरुषों की तुलना में नारी में यह ज्यादा प्रबल होती है। ऋतुकाल में यह अग्नि के समान

प्रज्वलित हो उठती है।' वे आगे कहते हैं, 'इस दौरान स्त्री को रतिक्रिया से वंचित रखना अनुचित है। वह पति के अलावा किसी अन्य पुरुष से अपनी इच्छा व्यक्त कर सम्भोग कर सकती है।' वे यह भी कहते हैं कि 'ऋतुकाल के दौरान स्त्री का रक्तस्राव बेकार न जाए, इसलिए उससे सम्भोग किया जा सकता है, जो न तो अनैतिक है और न ग़ैरकानूनी।'

'पिता का अधिकार अपनी कन्या पर से समाप्त हो जाता है, यदि वह रजस्वला होने से पूर्व ही उसका विवाह नहीं कर देता। ऐसी स्थिति में कन्या को अधिकार है कि वह किसी पुरुष से कामेच्छा प्रकट कर सम्भोग करे।' कहीं-कहीं कौटिल्य इसको पाप भी मानते हैं किन्तु इसके लिए दंड बहुत ही साधारण है।

ऋषि भारद्वाज का उल्लेख करते हुए कौटिल्य कहते हैं कि रजस्वला स्त्री यदि स्वेच्छा से किसी पुरुष से काम-याचना करती है तो उसे अस्वीकार करने पर वह उसे शाप दे सकती है।

धर्मशास्त्रों के अनुसार, आठ प्रकार के विवाह शास्त्रसम्मत हैं। निद्रा में लीन स्त्री के साथ यदि पुरुष उसकी इच्छा के विरुद्ध सम्भोग करता है और विवाह कर लेता है, तो यह विवाह शास्त्रसम्मत है। स्त्री के पिता व भाई को पीटकर स्त्री को जबरन उठा ले जाकर भी विवाह किया जा सकता है, जो शास्त्रसम्मत है।

जादू-टोना कर स्त्री के साथ सम्भोग करने की भी प्राचीन परम्परा रही है, जो आज विलुप्तप्राय है, विशेषकर श्मशान घाट में मध्यरात्रि से प्रातः तीन बजे तक के समय को अघोरी सम्प्रदाय के लोग उत्तम काल मानते रहे हैं।

हिन्दू धर्म में एक ऐसा संप्रदाय है जो वाममार्गी कहलाता है। इस संप्रदाय के तांत्रिक योनि-पूजा करते हैं और योनि को भोगते हैं। इसके लिए उपयुक्त स्थान या तो श्मशान घाट होता है या कोई पूजनीय मन्दिर। बंगाल में तारापीठ और असम में कामाख्या इस मार्ग के तांत्रिकों के सिद्ध स्थल हैं।

कौटिल्य के अर्थशास्त्र में 'काम' का विशद रूप से उल्लेख है। उस पर विस्तार से लिखना, अलग से एक ग्रंथ लिखने के समान होगा।

लेखक ने पहले ही स्पष्ट कर दिया है कि उसका उद्देश्य भारतीय संस्कृति में काम के विभिन्न रूपों से पाठकों को परिचित कराना है ताकि इस विषय को कतिपय तथाकथित विद्वान शुद्धीकरण के नाम पर भारतीय संस्कृति से विलग न कर दें।

'वैचारिकी' के मार्च-अप्रैल, 2018 के अंक में लेखक उपेन्द्रनाथ राय ने 'कौटिल्य और वात्स्यायन' शीर्षक के अन्तर्गत अपने लेख में बताया है : 'वात्स्यायन के पूर्व लिखने की एक परम्परा चली आ रही थी। वात्स्यायन के पूर्व कम-से-कम आठ-दस ग्रंथों के मंत्रों का उल्लेख मिलता है अतएव कौटिल्य और वात्स्यायन ने (चली आ रही) परम्परा से बहुत कुछ लिया।'

इससे यह जाहिर है कि समाज में 'काम' को लेकर चर्चा करने और ग्रंथ लिखने का प्रचलन था। समाज में व्याप्त परम्पराओं का जिक्र करते हुए उसमें कुछ नये नुक्ते व नुस्खे निरंतर जोड़े जाते रहे।

हाल के वर्षों तक दक्षिण भारत में परिवार की एक कन्या को भगवान को अर्पित करने का रिवाज रहा, जो 'देवदासी' कहलाती। घोषित रूप से न सही, अघोषित रूप से इन देवदासियों का यौन-शोषण हमेशा चर्चा का विषय रहा। गलत हो या सही, इस कलंकित आचार को भारतीय संस्कृति से अलग तो नहीं किया जा सकता।

सत्यबाला का पुत्र जाबाली गौतम ऋषि के आश्रम में अध्ययन हेतु जाता है तो पिता के स्थान पर अपनी माता का नाम लिखता है। गौतम ऋषि के पूछने पर कि पिता का नाम क्या है, तो जाबाली कहता है, 'मुझे नहीं मालूम, माँ से पूछकर आता हूँ।'

माँ से जब उसने पूछा तो माँ ने जवाब दिया, 'जाकर ऋषि को बता दो कि मैं कई लोगों की अंकशायिनी बनी हूँ। मुझे नहीं पता कि किसके वीर्य से तुम्हारी उत्पत्ति हुई है।'

जाबाली ने लौटकर जब यह बात ऋषि गौतम को बताई तो उनका जवाब था, 'तुम्हारे सच बोलने से मैं प्रसन्न हूँ और तुम आश्रम में भर्ती हो सकते हो।'

अहल्या के पति गौतम ऋषि पत्नी को यह कहकर बाहर गए कि

मुझे आने में देर होगी।

इन्द्र को जब यह पता लगा तो वह गौतम ऋषि का वेश धारण कर कामातुर हो अहल्या से संभोग करने लगा।

संभोग के दौरान अहल्या को आभास हुआ कि यह मेरा पति नहीं, इन्द्र है, तो काम-ग्रस्त अहल्या ने उसे दुत्कारा नहीं और संभोग की प्रक्रिया पूर्ण होने दी।

दुर्भाग्य से इन्द्र जब वाहर निकल रहे थे तो गौतम ऋषि आते दिखाई दिये और उन्होंने इन्हें देख लिया। गौतम ऋषि ने इन्द्र को श्राप दिया कि तुम्हारे शरीर में हजार योनियाँ हो जाएँगी। अहल्या को श्राप दिया कि तुम पत्थर हो जाओ।

जब दोनों ने बहुत अनुनय-विनय की तो उन्होंने इन्द्र की हजार योनियों को आँख में परिवर्तित कर दिया और अहल्या से कहा कि तुम्हारा उद्धार तब होगा जब श्रीराम यहाँ से गुजरेंगे और अपना चरण तुम्हारे शिलाखंड से स्पर्श करेंगे।

अन्ततः वही हुआ। जब वनवास के दौरान राम के पैरों का स्पर्श हुआ तो अहल्या का उद्धार हुआ।

ओडिशा के जगन्नाथपुरी के मन्दिर की दीवारों पर मैथुनरत मूर्तियाँ मन्दिर की प्राचीर पर उकेरी गई हैं और उसी प्रदेश के कोणार्क स्थित सूर्यमन्दिर में तो मैथुनरत आदमकद व असंख्य छोटी मूर्तियाँ देखी जा सकती हैं। धर्मभीरु विद्वान इसकी चाहे जो भी व्याख्या करें किन्तु इस बात से इनकार नहीं किया जा सकता कि इस प्रकार की मूर्तियों को हेय दृष्टि से नहीं देखा जाता था बल्कि उन्हें एक प्रकार से धार्मिक व सामाजिक स्वीकृति प्राप्त थी।

इतना ही नहीं, आन्ध्र प्रदेश, तमिलनाडु आदि दक्षिण के प्रदेशों के अधिकांश मन्दिरों की प्राचीरों पर सैकड़ों वर्ष पूर्व उकेरी गई ये मूर्तियाँ आज भी विद्यमान हैं। औरंगाबाद के निकट खजुराहो की गुफाओं में बहुत ही कलात्मक ढंग से नैथुन क्रिया की चित्रकारी विश्वप्रसिद्ध है और देश-विदेश के लाखों दर्शक इनको देखकर आनन्द प्राप्त करते हैं।

संस्कृत साहित्य में तो काम-क्रिया, रति-क्रिया आदि पर बहुत कुछ

लिखा गया है, यहाँ तक कि स्त्री के गुप्तांगों का विशद वर्णन तक किया गया है। वाल्मीकि रामायण के अनुसार राम सीता की गोद में सिर रखकर सो रहे थे तो जयंत सीता के रूप-लावण्य, विशेषकर उनके वक्षस्थल को देख इस कदर कामातुर हो उठा कि उसने कौवे का रूप धारण कर उनके वक्षस्थल पर चोंच मारी जिससे निकली रक्त की बूँदें राम के मुँह पर गिरी और उनकी नींद टूट गई। उनकी दृष्टि वृक्ष की डाल पर काग-रूपी जयंत पर पड़ी और वे समझ गए कि यह कारस्तानी जयंत की थी। उन्होंने पास पड़ा तिनका उठाकर उसकी ओर फेंका जो उसकी आँख में लगा और उसकी एक आँख फूट गई।

संस्कृत काव्य में श्रृंगार-रस और काम-रस पर विशेष रूप से जोर दिया गया है, जिसको पढ़कर कोई भी व्यक्ति उत्तेजित हो सकता है।

प्राचीन भारत में गणिकाएँ

अप्सराओं और गणिकाओं में मूलभूत अन्तर यह है कि अप्सराओं का मुख्य कार्य है स्वर्ग के देवताओं का मनोरंजन करना तथा किसी-न-किसी देवता के आदेश पर (मुख्यतः इन्द्र के) तपस्यालीन किसी ऋषि की तपस्या भंग करना और कभी-कभार किसी पुरुष विशेष पर कामासक्त हो उससे रतिक्रिया करना।

कभी-कभार यदि कोई पुरुष उनके काम-निवेदन को अस्वीकार कर दे तो उसे श्राप देने के उदाहरण भी मिलते हैं, जैसे उर्वशी के निवेदन को अर्जुन ने अस्वीकार किया तो उर्वशी ने अर्जुन को नपुंसक हो जाने का श्राप दिया।

किन्तु जहाँ तक गणिकाओं का प्रश्न है, यह प्रथा वैदिक युग से आज तक निरंतर चली आ रही है—अर्थ के विनिमय में काम-तृप्ति।

मेरी गुरुतुल्य अध्यापिका डॉ. सुकुमारी भट्टाचार्य ने अपनी पुस्तक 'प्राचीन भारत : समाज और नारी' में प्राचीन भारत में महिलाओं की स्थिति पर विशद रूप से प्रकाश डालते हुए गणिकाओं पर एक विशेष परिच्छेद लिखा। अपनी पुस्तक की हस्ताक्षरित प्रति भेंट करते हुए मुझसे कहा-समाज में लिखने-पढ़ने का चलन खत्म होता जा रहा है। तुम्हारे जैसे 'ऐक्टिविस्ट' का यह फर्ज बनता है कि सही तथ्यों से लोगों को अवगत कराओ।

मूल बांग्ला से उनकी पुस्तक का हिंदी अनुवाद 'कम्यूनिकेशन एंड मीडिया पीपल' (कैम्प) के लिए डॉ. प्रतिभा अग्रवाल व छविनाथ मिश्र ने किया। उक्त पुस्तक के गणिका-संबंधित परिच्छेद से एक लम्बा अंश पाठकों के चिंतन-मनन के लिए साभार यहाँ उद्धृत किया जा रहा है :

...ऋग्वेद भारत का प्राचीनतम साहित्य है और इसमें ही हमें गणिका के कई पर्यायवाची शब्द प्राप्त होते हैं, यथा—हस्त्रा, अग्रू (4 : 16 : 19 : 30; 4 :19 : 9) तथा साधारणी (1 : 167 : 4; 2 : 13 : 12, 15, 17)। इसके कुछ बाद अथर्ववेद में पुश्चली (15 : 1 : 36; 20 : 136 : 5) शब्द का उल्लेख प्राप्त होता है। शुक्ल यजुर्वेद की वाजसनेयी संहिता में साधारणी और सामान्या (30 : 12) शब्द प्रयुक्त हैं। कृष्ण यजुर्वेद की तैत्तिरीय संहिता (347) में भी ये दोनों शब्द हैं। इसके कुछ बाद दो नये शब्द दिखलाई पड़ते हैं—अतिस्कद्वरी और अपस्कद्वरी अर्थात् जो (नियम का) उल्लंघन करती है (तैत्तिरीय ब्राह्मण 3 : 4 : 11 : 1) और मिलता है ब्रजयित्री अर्थात् जो आनन्द प्रदान करे (वाजसनेयी संहिता 30 :1; तैत्तिरीय ब्राह्मण 3 : 4 : 7 : 1)। पालि के विनयपिटक में एक और शब्द मिलता है—मुहुत्तिया (संस्कृत मुहूर्तिका) अर्थात् जो क्षणभर की संगिनी हो (3 : 138)। जातक में रूपदासी और वण्णदासी, वेशी, नारियेयर, मामिनी, नगरशोभिनी, इत्थि (1 : 43) और जनपद कल्याणी आदि शब्द प्राप्त होते हैं। इनमें से रूपदासी और वण्णदासी दूसरी प्रधान गणिकाओं के अधीन या स्वतंत्र रूप से प्रार्थी का मनोरंजन कर सकती थीं (अर्थशास्त्र 2 : 27)। जातक में भी इनका उल्लेख प्राप्त होता है (2 : 380; 3 : 59-63; 69-72, 475 : 8)।

कालांतर में गणिका के प्रतिशब्दों की संख्या बढ़ती ही गई। महाकाव्य, पुराण और साहित्य में अनेक नामों का उल्लेख प्राप्त होता है—कुलटा, स्वैरिणी, वारांगना, वार-स्त्री, वारवनिता, स्वतंत्रता और स्वाधीन यौवना। नटी और शिल्पकारिका प्रतिशब्द भी प्राप्त होते हैं और बीच-बीच में प्राप्त होते हैं कुम्भदासी तथा परिचारिका।

वात्स्यायन के 'कामसूत्र' में गणिका और रूपाजीवा (7 : 6 : 54) नाम मिलते हैं। जटाधर के 'शब्द रत्नावली कोश' में शालभंजिका, वारवाणी, बर्बटी, भंडहासिनी, कामरेखा, शूला और वारविलासिनी शब्द प्राप्त होते हैं।

'शब्दमाला अभिधान' में लंजिका शब्द मिलता है।

'वैशिकतंत्र' में और भी कुछ नाम आये हैं—वृषली (जिसका

अभिधागत मुख्य अर्थ है शूद्रा, गौण अर्थ है गणिका। इससे यह स्पष्ट होता है कि शूद्र नारी को दूसरे वर्गों की भोग्या माना जाता था)।

इसके अतिरिक्त पांशुला (मलिना), लंजिका, वंधुरा, कुंता (शूला की तरह बिद्ध करनेवाला एक अस्त्र), कामरेखा, बर्बटी और रंडा (विट की रक्षिता) आदि शब्द भी प्राप्त होते हैं।

हेमचन्द्र के 'अभिधान चिंतामणि' में साधारण स्त्री, पण्यांगना, क्षुद्रा, भुंजिका और वारवधू का उल्लेख किया गया है।

'राजनिर्घट अभिधान' में भोग्या और स्मरवीथिका तथा 'अमरकोष' में वेश्या, वार-स्त्री, गणिका और रूपाजीवा शब्द आये हैं।

'ब्रह्मवैवर्त पुराण' के अनुसार एक की पत्नी हुई पतिव्रता, पति के अतिरिक्त किसी दूसरे पुरुष में आसक्ति रखनेवाली हुई कुलटा, तीन के प्रति आसक्त होनेवाली हुई वृषली या पुश्चली, चार से छह के प्रति अनुरक्त होनेवाली हुई वेश्या, सात-आठ के प्रति आसक्त होने पर हुई युंगी और उससे अधिक होने पर हुई महावेश्या। किसी भी वर्ण का व्यक्ति उसे स्पर्श नहीं कर सकता (प्रकृति खंड, अध्याय 227-28)।

कहने की आवश्यकता नहीं कि इन प्राय: पचास शब्दों का उद्‌भव एक समय में नहीं हुआ, न ही एक स्थान पर हुआ। धीरे-धीरे विभिन्न अंचलों तथा विभिन्न कालों में इन नामों की रचना हुई। अब प्रश्न उठाया जा सकता है कि भारतवर्ष में गणिकावृत्ति कितनी प्राचीन है? भारतवर्ष ही नहीं, सारी दुनिया में धीरे-धीरे जाति और वंश की परम्परा टूटी और उनका स्थान लेने लगे परिवार। परिवार के उदय के साथ ही अर्थात् नारी के ऊपर पुरुष के स्वत्वाधिकार की सामाजिक स्वीकृति के साथ-साथ प्रारम्भ हुई गणिकावृत्ति। उसी समय से परिवार के बाहर के किसी पुरुष को अर्थ या वस्तु के विनिमय में अपना शरीर दान करने पर नारी गणिका नाम से चिह्नित हो गई।

...ध्यान देने योग्य है कि ऋग्वेद के जार या जारिणी, उपपति या उपपत्नी या फिर अवैध प्रणयी या प्रणयिनी के बीच सांकृत्यायन द्वारा किये गए दीर्घनिकाय के हिन्दी अनुवाद (वाराणसी 1936; पृ. 13-14), मज्झिमनिकाय (वही 1994, पृ. 20-25), संयुक्त निकाय

(47 : 20 : 23), अर्थशास्त्र, कामसूत्र एवं अन्यान्य ग्रंथों से जो तथ्य प्राप्त होते हैं, उनसे स्पष्ट है कि गणिका का स्थान सर्वोपरि था। रूप, यौवन, शिक्षा-दीक्षा—सबमें वही श्रेष्ठ थी (कामसूत्र 13 : 20)।

उसके बाद रूपाजीवा थी जो रूप-यौवन, शिक्षा-दीक्षा, धन-सम्पदा तथा सामाजिक स्तर की दृष्टि से गणिका से नीचे थी। उससे भी नीचे वेश्या-नाम से ही समझ में आता है कि उसका मूल धन या वस्त्रालंकार, साज-शृंगार था। गणिकालय में रहने के दौरान राज्य, गणिका की शिक्षा-दीक्षा का व्यय-भार वहन करता था। उसकी आय से निर्धारित आयकर वसूल करता था। कौटिल्य यह व्यवस्था भी कर गए हैं कि बुढ़ापे में उसे कुछ वृत्ति मिलती रहे। कहने का तात्पर्य यह कि प्रातिष्ठानिक दायित्व और अधिकार, दोनों ही उसे प्राप्त थे। रूपाजीवा की शिक्षा का दायित्व उसका स्वयं का होता था या फिर उसकी माँ या उसके ग्राहक का। इसके अतिरिक्त थी अवरुद्धा अर्थात् रक्षिता जिसका पूरा भार उसके पृष्ठपोषक पर होता था। वह उसका पूरा आर्थिक दायित्व स्वयं वहन करता था और बदले में केवल वही उसके पास आ सकता था। अवरुद्धा का स्वाच्छन्द्य और आर्थिक स्थिति पूरी तरह उस एक पृष्ठपोषक की अवस्था और मर्जी के ऊपर निर्भर करती थी। इनके नीचे अनेक प्रकार की पेशा करनेवालियाँ थीं, यथा—सैरिन्ध्री, शिल्पकारिका या शिल्पदारिका, कौशिकस्त्री, कुम्भदासी, वण्णदासी, रूपदासी, नटी, क्षुद्रा, भुंजिका आदि। ये राजप्रासाद या धनी लोगों के घर में अपनी योग्यता के अनुसार शारीरिक श्रम करके जीवन-निर्वाह करती थीं लेकिन ये सभी गृहस्वामी की भोग्या भी होती थीं। इनके अतिरिक्त थीं अशिक्षिता, अर्द्धशिक्षिता, रूपहीना, कभी-कभी विगत-यौवना, अर्थहीना, रूपोपजीविनियों का एक बड़ा दल जो पुश्चली, कुलटा, स्वैरिणी, वारवनिता (वारमुख्या, वारांगना, वारस्त्री आदि सभी पर्यायवाची शब्द हैं अर्थात् नियम कार्य के अनुसार जो पारिश्रमिक लेती थीं) आदि नामों से परिचित। इनकी आय के अनुपात से इनके सामाजिक स्तर का अनुमान लगाया जा सकता है। गणिका राष्ट्र से एक हजार पण मासिक वेतन पाती थी, उसे चौंसठ कलाओं की शिक्षा देने के लिए राष्ट्र अपनी ओर से विभिन्न शिक्षक

नियुक्त करता था। बौद्धसाहित्य में उल्लेख है कि गणिका सालावती की माँ सिरिमा बेटी का एक रात का मूल्य लेती थी एक हजार काहापण (कार्षापण-स्वर्णमुद्रा) (धम्मपद टीका, पालि टेक्स्ट सोसाइटी, लन्दन, 1906-14, पृ. 308-9)। सामाजातक में काशी की गणिका सामा की पाँच सौ अनुचारिणियों का उल्लेख है (जातक 3 : 59-63)। सम्भवत: ये ही गणिकादासी थीं। गणिका अम्बपाली की दक्षिणा को लेकर तो राजगृह और वैशाली के बीच बाकायदा कलह हो गया था। 'ज्ञात धर्मकतथा' नामक जैन ग्रंथ में सर्वांग सुन्दरी और शिक्षिता गणिका की प्रति रात की आय थी एक हजार कार्षापण (प्रथम अध्याय)। मृच्छकटिक में राजा का साला शकार वसंतसेना को एक बार ले जाने के लिए दस हजार के गहने और गाड़ी भेजता है। अर्थात् रूप-यौवन और यश-अर्थ की दृष्टि से प्रख्यात गणिकाओं की आय की कोई ऊपरी सीमा नहीं थी। इनकी दान की राशि देखकर इनकी आर्थिक स्थिति का अनुमान लगाया जा सकता है—कोई बुद्ध और उनके एक हजार शिष्यों को भोजन के लिए आमंत्रित कर रही है और परितृप्त अतिथियों की अन्यान्य आवश्यकताओं की पूर्ति के लिए नगद धन भी दे रही है, कोई आम का बगीचा दान कर रही है, कोई मठ, कोई विहार, कोई बगीचा, चैत्य, स्तूप, सेतु, कुआँ और कोई चित्रशाला दे रही है। अवरुद्धा खाने-कपड़े के अतिरिक्त हर महीने एक पण नगद पाती थी। विगत यौवना, रूपहीना और अशिक्षिता गणिकाओं का बड़ा दल गणिकाओं की दुनिया में भी जातबाहर था।

...इन पुश्चली स्वैरिणियों के पास आनेवाला जो देता, इन्हें लेना पड़ता था। इनकी संख्या अधिक और आकर्षण कम था, फलस्वरूप माँग और दाम दोनों ही कम थे। इनमें से अधिकांश अत्यन्त दरिद्र होती थीं। उनके लिए रोटी-कपड़ा जुटाना भी बड़ी समस्या थी। इनके अतिरिक्त थी देवदासी जिसका एक और नाम था त्रिदशालयवनिता। प्राचीन ग्रीस, रोम, मिस्र, फिनीशिया, कलडिया, बेबीलोन और भारतवर्ष में सर्वत्र मन्दिर द्वारा पोषित गणिकाओं की एक अपनी भूमिका थी। जहाँ भी नागर सभ्यता का विकास हुआ और कोई मन्दिर समृद्धशाली हुआ, वहीं देवदासी का प्रादुर्भाव हो गया।

...देवदासी के लिए तरुणी, सुन्दरी और नृत्य-कुशल होना ही पर्याप्त था, उससे उसका काम चल जाता था लेकिन गणिका या रूपाजीवा और कभी-कभी अवरुद्धा की पाठ्य-तालिका लम्बी थी। जैन ग्रंथ बृहत्कल्प (पुण्यविजय जी भावनगर विरचित, सन् 1933-38) के अनुसार गणिकाओं के लिए लिखना, गणित, नाना प्रकार के शिल्प-संगीत, वाद्ययंत्र (वीणा, पटह, वंशी आदि), द्यूतक्रीड़ा, अक्षक्रीड़ा, काव्यरचना (संस्कृत, प्राकृत, अपभ्रंश), गंधयुक्ति (इत्र तैयार करना), अलंकार बनाना, श्रृंगार, अलंकरण, सुलक्षण और कुलक्षण पुरुष और नारी का विचार, अश्वविद्या, हस्तिविद्या, रंधनविद्या, रत्नपरीक्षा, विषनिर्णय और उसका प्रतिविधान, स्थापत्य, शिविर निर्माण, सेना-सन्निवेश, युद्धविद्या, धनुर्विद्या, निमित्तनिदान आदि कुल बहत्तर विद्याओं की शिक्षा आवश्यक होती थी। मनुसंहिता (2 : 67) में भी इस संबंध में कुछ निर्देश दिये गए हैं।

गणिका और रूपाजीवा राष्ट्र को आयकर देती थीं तो बदले में उन्हें कुछ सामान्य सुरक्षा व्यवस्था, आर्थिक एवं शारीरिक, दोनों उपलब्ध थीं। गणिका की लड़की के साथ बलात्कार करने पर 54 पण और उसकी माँ की आय का सोलह गुना अर्थ दण्डस्वरूप देना होता था। इसके अतिरिक्त लड़की के विवाह के समय वर को क्षतिपूर्ति के रूप में कुछ और अर्थ देना पड़ता था। गणिका के विदेशी (या परदेशी) प्रार्थी को निर्धारित मूल्य से 5 पण अधिक देना पड़ता था। पुश्चली और कुलटा की दर निर्धारित नहीं होती थी लेकिन यदि वह उचित से अधिक वसूलने की चेष्टा करती थी तो उसको अपने न्यायपूर्ण प्राप्य से भी वंचित होना पड़ता था। रूपाजीवा की वार्षिक वृत्ति थी 48 पण और अभिनेता, अन्नविक्रेता, मांसविक्रेता या वैश्यों के साथ उसका संबंध रहता था। रुपया लेने के बाद आपत्ति करने पर गणिका या रूपाजीवा को प्राप्य का दुगुना दंड भरना पड़ता था और रुपया लेने से पहले आपत्ति करने पर वे प्राप्य से वंचित होती थीं (याज्ञवल्क्य स्मृति 2 : 295)। गणिका को शारीरिक क्षति पहुँचाने पर नाना प्रकार के दंडों का विधान था, अर्थ का परिमाण एक हजार से अड़तालीस हजार पण तक हो सकता था। दूसरी ओर इसके प्रचुर व्यतिक्रम भी प्राप्त होते हैं। मनु का कथन है कि सभी गणिकाएँ

चोर और प्रताड़णा-परायण होती हैं (9 : 259-260) और धर्मसूत्रकार गौतम कहते हैं कि वेश्या की हत्या दंडनीय अपराध ही नहीं है (गौतम धर्मसूत्र 22 : 2)। लेकिन कौटिल्य के अर्थशास्त्र के अनुसार प्रकट रूप में गणिका का अपमान करने का दंड था अड़तालीस पण, कान काट लेने पर दंड था पौने बावन पण और कारावास। याज्ञवल्क्य के अनुसार गणिका की इच्छा के विरुद्ध उससे संभोग करने का दंड था पचास पण और एक के बाद एक कई लोग यदि इस प्रकार बलात्कार करें तो उनमें से प्रत्येक को उसे चौबीस पण दंड में देना होता था (2 : 2 : 96)।

गणिका किस प्रकार के प्रार्थियों को खोजे, इसका निर्देश वात्स्यायन ने दिया है—तरुण, धनी, पारिवारिक दायित्व से मुक्त, उच्चपदस्थ, सद्वंशजात, प्राणवान्, शिक्षित, कवि, कथा-कहानी-उपाख्यान आदि में कुशल, सुवक्ता, नाना कलाओं का मर्मज्ञ, सुरासक्त, बन्धुभावापन्न, नारी-संगकामी लेकिन किसी नारी के वशीभूत न हो, और जो निष्ठुर या ईर्ष्या से जलने वाला न हो (कामसूत्र 6 :1 :10, 12)।

...बारहवीं शताब्दी के 'तन्मय सुन्दरी' नामक ग्रंथ के अनुसार गणिका की आय का 15 से 30 प्रतिशत राष्ट्र का प्राप्य होता था अर्थात् राज्यकर होता था। बौद्ध ग्रंथों में गणिका की भट्टि (संस्कृति भृति) अर्थात् वेतन और परिव्यय (संस्कृत परिव्ययम्) अर्थात् खर्च का उल्लेख प्राप्त होता है। मथुरा की वासवदत्ता के पारिश्रमिक की दर बड़ी ऊँची थी (दिव्यावदान—श्री पी. एल. वैद्य द्वारा सम्पादित संस्करण, पृ. 218)। राजगृह की सालावती प्रति रात्रि एक सौ कार्षापण कमाती थी। इसके अतिरिक्त यत्र-तत्र ऊँचे पारिश्रमिक का उल्लेख प्राप्त होता है तथापि अधिकतर क्षेत्रों में सम्पत्ति कर विशेषकर अचल सम्पत्ति पर, उसका पूर्ण अधिकार नहीं होता था (There is every likelihood that their palatial establishments and gardens were state property with life interest– Motichandra, the world of courtesans, Vikas, 1973, P. 48)। महाभारत में बराबर कहा गया है कि शिशु, दास और गणिका का सम्पत्ति पर अधिकार नहीं होता (आदिपर्व 182 : 22; सभापर्व 71 : 1; उद्योगपर्व 33 : 64)। गणिका और उसकी विकल्प

गणिका को राज्य से मासिक वृत्ति मिलती थी। स्व अर्जित राशि पर कहीं-कहीं उसका अधिकार होता था और विशेष क्षेत्रों में वह बीच-बीच में दान भी कर सकती थी। लेकिन गणिका की मृत्यु के बाद जब उसकी सम्पत्ति बेटी के अधिकार में आती थी तब उसे भी अपने जीवनकाल में उसका उपभोग करने का अधिकार ही कानूनन प्राप्त होता था। सम्पत्ति को गिरवी रखने, बेचने या देने-लेने का अधिकार उसे नहीं होता था। राष्ट्र के ऊपर विपत्ति पड़ने पर उसकी सम्पत्ति का आधा जब्त कर लिया जाता था (अर्थशास्त्र 5 : 2)। आवश्यकता पड़ने पर उसे राजप्रासाद में ले जाने की व्यवस्था थी (अर्थशास्त्र 1 : 20)। रक्षिता और अवरुद्धा पर उसका भरण-पोषण करने वाले पुरुष का ही अधिकार होता था, उसमें किसी और के हस्तक्षेप करने का दंड था अड़तालीस पण (अर्थशास्त्र 3 : 20)। गणिका को गणिकावृत्ति से मुक्ति दिलाने के दो तरीके थे। पहला, राजा किसी भी गणिका को कुलनारी घोषित कर सकता था। ऐसी स्थिति में वह गणिकावृत्ति के सामाजिक अपमान और लांछन से मुक्ति पाती थी और कुलनारी के प्राप्य सम्मान और अधिकार उसे सुलभ होते थे। ('मृच्छकटिक' नाटक के दसवें अंक में राजा आर्यक की कृपा से गणिका वसंतसेना कुलनारी घोषित होती है और चारुदत्त से विवाह होने के बाद कुलवधू की मर्यादा प्राप्त करती है)। दूसरा, निष्क्रय के द्वारा वह गणिकात्व से मुक्ति पा सकती थी अर्थात् उससे विवाह करने या उसे मुक्ति दिलाने का इच्छुक व्यक्ति गणिकालय की मालकिन को चौबीस हजार पण देकर ऐसा कर सकता था ('मृच्छकटिक' नाटक में ही गणिका मदनिका का प्रेमी शर्विलक निष्क्रय मूल्य अर्जन करने का कोई रास्ता न पा चोरी करता है)।

नाना स्तर की गणिकाओं के कामों में अन्तर होता था। राजा, वणिक और धनी लोगों के प्रासादों में गणिकाओं को नाना भूमिकाओं में पाया जाता है। गांधारी के गर्भवती होने पर धृतराष्ट्र को गणिका की आवश्यकता पड़ी थी (महाभारत, आदिपर्व 115 : 39)। जैन ग्रंथ वासुदेवहिंड में स्त्री के विकल्प की कथा है—कुलपति भरत के प्रासाद में पत्नी के अतिरिक्त एक और भोग्या नारी रहती थी। वन जाने के समय भी पांडवों के साथ रथ, पण्यद्रव्य और गणिकावास था, सम्भवतः सेना

के मनोरंजन के लिए (वनपर्व 238 से)।

कामशास्त्र में उल्लेख प्राप्त होता है कि काव्य, शिल्प नाटक आदि विषयों पर गणिकाएँ राजा या धनिक नागरिकों के दल बल के साथ आलोचना करती थीं, धनिकों के यहाँ आयोजित उत्सव-गोष्ठियों में भाग लेती थीं। विभिन्न वणिकों या धनिकों के यहाँ ये गोष्ठियाँ आयोजित होती थीं। वहाँ मद्यपान का प्रचुर आयोजन होता था और वह सर्वप्रथम गणिकाओं को ही परिवेशित किया जाता था मानो प्रमुख अतिथि वे ही हों। बीच-बीच में पूरी मंडली सवारियों पर चढ़कर नगर से बाहर जाती थी। वहाँ पर मुर्गों या भेड़ों की लड़ाई या अभिनय का आयोजन होता था। संध्या समय सब लोग लौट आते थे। गर्मियों में जलक्रीड़ा और वसन्त ऋतु में वसन्तोत्सव आदि ऋतु के अनुकूल उत्सव होते थे (कामसूत्र 1 : 4 : 34-41, 42)। ग्रामवासी इन उत्सवों को देखकर चर्चा करेंगे और स्वयं अनुकरण करेंगे (ऐसा उद्देश्य रहता था) (कामसूत्र 1 : 4 : 49)। गणिकाएँ भी अवश्य ही इन आयोजनों में आनन्द प्राप्त करती थीं लेकिन इनका आयोजन होता था मुख्यतः राजा, वणिक या धनिक नागरों के स्वार्थ के लिए, उनके निर्देश पर। गणिकाएँ कुछ थीं अलंकरण और कुछ परिमार्जित आमोद-प्रमोद का साधन। हमें यह नहीं भूलना चाहिए कि इस समाज में कुलनारियों की शिक्षा की व्यवस्था नहीं थी। मनुसंहिता में कहा गया है कि नारी के लिए विवाह ही उपनयन है, पतिसेवा वेदाध्ययन और पति के घर में वास गुरुगृह में वास (2 : 67), अतः कुलनारी के लिए शिक्षा की कोई सुविधा ही नहीं थी। घर-गृहस्थी का काम, संतान का जन्म, श्वसुर कुल के सब लोगों की सेवा, पति तथा बाल बच्चों की देख-रेख में उसके दिन कटते थे, अतः रूप-यौवन ढल जाने के बाद अनेक पतियों के लिए उनके साहचर्य में कोई आकर्षण नहीं रह जाता था। दूसरी ओर गणिका की शिक्षा-तालिका बड़ी लम्बी है। स्वयं काव्य-नाटक रचने, गायन-वादन तथा अभिनय करने और सारी कलाओं के सम्बन्ध में चर्चा करने की योग्यता उनमें होती थी। फलस्वरूप फ्रांस की सलां की मालकिनों और जापान की गीशा लड़कियों की तरह इनका मानसिक उत्कर्ष पुरुषों को आकृष्ट करता था। उपयुक्त शिक्षा-

दीक्षा के अभाव में कुल नारियों में वह योग्यता नहीं होती थी। राष्ट्र के खर्च पर गणिका की शिक्षा की व्यवस्था होती थी और उसका स्तर काफी ऊँचा रहता था। कहने का तात्पर्य यह कि राज्य के संचालकों का उद्देश्य होता था कि परिमार्जित रुचि और शिक्षा के अधिकारी पुरुष गणिका के साथ ही मानसिक साहचर्य प्राप्त करें, पत्नी के साथ नहीं। शिक्षा-दीक्षा और यौवन की मादकता से शत्रुपक्ष के उच्चपदस्थ व्यक्तियों को आकृष्ट करके, उनसे गुप्त संवाद प्राप्त करके गणिकाध्यक्ष के माध्यम से राज्य के मंत्री तक पहुँचना, आवश्यकतानुसार शत्रुओं को पकड़वा देना आदि इनका करणीय होता था। तात्पर्य यह कि गणिका और गणिकालय राज्य की स्वार्थपूर्ति ही करते थे।

इसके अतिरिक्त धर्मग्रंथों और साहित्य में बार-बार दक्षिणा की वस्तुओं की सूची में हाथी, घोड़ा, रथ, भूमि, अलंकार आदि के साथ नारी का उल्लेख भी किया गया है। ध्यान देने योग्य है कि यह दक्षिणा दी जाती थी यज्ञ के पुरोहित को और वह भी सैकड़ों, हजारों में। इनकी अलग-अलग श्रेणियाँ भी थीं, यथा—संतानवती, निःसंताना, विवाहिता और कुमारी। मन में प्रश्न उठता है, ऋत्विक पुरोहित इतनी स्त्रियों का क्या करते थे? अवश्य ही इनमें से कुछ का वस्तु के रूप में भोग करते रहे होंगे लेकिन बाकी का? क्रीतदासी या गणिकावृत्ति अपनाने के सिवा इनकी और क्या गति हो सकती थी!

उद्योतन सुरी के 'कुवलयमाला' ग्रंथ के अनुसार स्वर्ग में इन्द्र की अप्सराएँ भृंगार (सोने का जलपात्र) वहन करती थीं। छत्र, मुकुर, व्यंजन, वीणा, वस्त्र इत्यादि वहन करती थीं। ललितविस्तर में राजप्रासाद की गणिकाओं द्वारा भरा हुआ कुम्भ, माला, अलंकार, सिंहासन, छत्र, चँवर, सुगन्धित, जलकुम्भ आदि वहन किए जाने का उल्लेख है। 'वाणभट्ट' में गणिकाएँ राजा को स्नान कराती हैं। विभिन्न स्थानों में इनके नाना नाम हैं—मन्दिर में देववेश्या, प्रासाद में राजवेश्या, ब्राह्मण की ब्रह्मवेश्या और तीर्थ की तीर्थगा। ब्रह्मपुराण के अनुसार एकाग्र तीर्थ में बड़ी संख्या में वेश्याएँ रहती थीं (40 : 30-35)।

कहीं-कहीं गणिका के परिवार की चर्चा भी की गई है। गणिका की

माँ ही गणिकालय की कर्ता-धर्ता होती थी। गणिका की बहन होती थी प्रतिगणिक अर्थात् आवश्यकता पड़ने पर जो उसका विकल्प हो सके। भाई को गाने-बजाने या अभिनय करने में कुशल होना होता था और राष्ट्र द्वारा परिचालित मंच पर कम-से-कम आठ वर्षों तक अभिनय करना पड़ता था। संगीत, वाद्य के कार्यक्रमों में योग देना होता था। उसकी शिक्षा और आर्थिक व्यवस्था राष्ट्र ही करता था। उसकी मुक्ति की कीमत गणिका से भी अधिक होती थी। उसकी स्थिति कम-से-कम इन आठ वर्षों में ग्रीस या रोम साम्राज्य के क्रीत-दासों जैसी होती थी। कहीं-कहीं गणिका के विवाह का उल्लेख भी प्राप्त होता है। गणिका के पति को भी संगीत या अभिनय में भाग लेना पड़ता था। यह अभिनय गणिकालय में राष्ट्र के आदेश और राष्ट्र के ही खर्च से होता था (कामसूत्र 7 : 23, 24)। कभी-कभी गणिका का विवाह प्रतीक रूप में एक अनुष्ठान मात्र होकर रह जाता था।

...ठीक किस समय और कैसे समाज में गणिका, गणिका के रूप में आई यह निर्णय करना आज कठिन है तथापि साहित्य में यत्र-तत्र प्राप्त कुछ सूत्रों से यह अनुमान किया जा सकता है कि किन-किन रास्तों से गणिकाएँ समाज में प्रवेश करती थीं। जैसे वात्स्यायन ने 'कामसूत्र' में विशद वर्णन किया है कि कैसे कोई पुरुष किसी कुल कन्या को प्रलुब्ध करके, उसे अपने अनुकूल बनाकर उसका भोग कर सकता था (3 : 5 : 14-26)। भोगी जाने के बाद इन कन्याओं का समाज में क्या स्थान हो सकता था ? सहज ही अनुमान किया जा सकता है कि इनमें से अधिकांश गणिकालय का रास्ता पकड़ने को बाध्य होती थीं। संस्कृति में दो शब्द हैं—जायाजीवी और जायोपजीवी अर्थात् जो पुरुष स्त्री के उपार्जन पर जीवन-यापन करे। यह उपार्जन गणिकावृत्ति से होता था। जायाजीवी का पाप उतना बड़ा नहीं था, वह उपपातक मात्र माना जाता था। साधारण चंद्रोयण व्रत से उसका प्रायश्चित्त हो जाता था (विष्णुपुराण अध्याय 37; याज्ञवल्क्य स्मृति 240)। ये स्त्रियाँ घर में रहकर ही गणिकावृत्ति का सहारा ले उपार्जन करतीं और परिवार का भरण-पोषण करती थीं। उत्सव, युद्ध में विजय, यज्ञ, दान, दक्षिणा आदि में एक वस्तु

के रूप में नारी का भी दान किया जाता था। इसमें ऐसी अभागिनें भी होती थीं जिनकी देह के विनिमय के मूल्य से अन्य एक व्यक्ति पुण्य कमाता था (महाभारत उद्योगपर्व, अध्याय 114-18)। एक धनी श्रेष्ठी की कथा सुनने में आती है जो अपनी असामान्य रूपवती कन्या के लिए एक रात के लिए जो मूल्य निर्धारित करते हैं, वह काशीराज के पूरे राजस्व के समतुल्य था फलस्वरूप प्रार्थी मिलते ही नहीं थे। अन्त में कन्या ने अपनी राशि आधी घोषित कर दी और इस प्रकार अर्द्धकाशी कहलाई। अतः स्पष्ट है, जायाजीवी का केवल पति ही नहीं वरन् गरीब, अभागा या अर्थलोभी निष्ठुर पिता भी गणिकावृत्ति से जुड़ा होता था। लेकिन यदि हम संख्या की दृष्टि से विचार करें तो वास्तव में गणिकावृत्ति करनेवालियों में दान-दक्षिणा में वितरित स्त्रियों का ही आधिक्य था क्योंकि इनकी संख्या अनगिनत होती थी। नारी को, मुख्यतः सुन्दरी तरुणी को, यज्ञ, दहेज, श्राद्ध, युद्धजय, दान, दक्षिणा आदि में देने के असंख्य उल्लेख रामायण में हैं (अयोध्याकांड 11-12, 25-26; किष्किंधाकांड 20 : 13; 24, 34 एवं अन्यत्र भी)। महाभारत में भी (वनपर्व 186 : 7; कर्णपर्व 49 : 76-78; शान्तिपर्व 98 : 45; अनुशासनपर्व 96 : 18, 19, 82) गणिका सभा की शोभा बढ़ानेवाली और युद्ध तथा शिकार करने के समय मनोरंजन करनेवाली कही गई है। 'अभिज्ञान शाकुन्तल' के दूसरे अंक में दुष्यंत की मृगयासहचारिणी यवनियों का उल्लेख प्राप्त होता है। 'कुमारसम्भव' (16 : 38, 48), 'रघुवंश' (7 : 50) और परवर्ती काव्यों में नारी विलास के उपकरण के रूप में अनेक बार दिखलाई पड़ती है। युद्धक्षेत्र से अन्यान्य जीती गई वस्तुओं की तरह अर्जुन पराजित पक्ष की नारियों को भी लाते हैं (वनपर्व (8 : 27)। विराटराज अर्जुन के शौर्य एवं विजय से प्रसन्न हो पुरस्कारस्वरूप उन्हें अनेक तरुणी सुन्दरियाँ प्रदान करते हैं (विराटपर्व 34 : 5)। युद्धक्षेत्र में कर्ण ने घोषणा की थी कि जो अर्जुन को पहचानवाएगा उसे वे एक सौ सुन्दरियाँ दान में देंगे (द्रोणपर्व 38 : 4)। जो राजा सुन्दरियों का दान नहीं करते थे उन्हें निन्दासूचक नाम 'राजकलि' से अभिहित किया जाता था अर्थात् राजाओं में जो कलिस्वरूप हो (शान्तिपर्व 12 : 366)। द्रौपदी के विवाह में दहेज के साथ एक सौ सुन्दरी तरुणियाँ थीं (आदिपर्व 198/

13)। सुभद्रा के विवाह के समय अतिथियों के स्नान एवं सुरापान आदि की सहचरी थीं एक हजार सुन्दरी तरुणियाँ (आदिपर्व 229/49, 50) : अश्वमेध यज्ञ के बाद अन्यान्य भोग्यवस्तुओं के साथ युधिष्ठिर असंख्य सुन्दरी तरुणियों को अतिथियों के बीच वितरित करते हैं। यह हुआ उनके अतिथि सत्कार का एक ढंग (आश्वमेधिक पर्व 80/32)। राजा शशविन्दु ने भी अपने अश्वमेध यज्ञ में अनेक सुन्दरी नारियों का दान किया था। (द्रोणपर्व 65/6)। सुन्दर वस्त्र और अलंकार से सज्जिता कई सौ सुन्दरियों का दान राजा भगीरथ ने किया था (द्रोणपर्व 60/1-2; शांतिपर्व 29/65)। सगर ने भी ऐसी अनेक सुन्दरी कन्याओं को ब्राह्मणों को भेंट में दिया था, राजा वेन ने दिया था, ऋषि अत्रि को। महाभारत में ऐसा भी कहा गया है कि ब्राह्मणों को सुन्दरी कन्याएँ दान करने का फल बहुत बड़ा होता है (वनपर्व 315/2, 6; 233/4; विराटपर्व 18-21; शान्तिपर्व 68/33,171/5,173/16) इसके कारण दाता स्वर्ग में प्रचुर पुरस्कार प्राप्त करता है अर्थात् स्वर्ग में बहुत बड़ी संख्या में अप्सराएँ उसे तृप्त करेंगी (अनुशासन पर्व 145/2)। कहना न होगा कि इस प्रकार के पुण्य और पुरस्कार का लोभ दिखलाकर ब्राह्मण अनेक सुन्दरी नारियों को दान में प्राप्त करते थे। हाँ, दाता को अवश्य ही स्वर्ग की अप्सराओं के साहचर्य लाभ के लिए मृत्यु तक प्रतीक्षा करनी पड़ती थी। बात सहज ही समझ में आती है कि पृथ्वी की गणिका का काल्पनिक रूपायन होता था—स्वर्ग की अप्सरा में। पिता-पुरखों के श्राद्ध के अवसर पर दान-सामग्री की तालिका में हजारों-हजारों सुन्दरी तरुणियों का उल्लेख भी प्राप्त होता है। उन्हें पाने वाले होते थे पुरोहित ब्राह्मणगण (आश्रमवासिक पर्व 14/4, 20, 39; महाप्रस्थान पर्व 1।4 ; स्वर्गारोहण पर्व 6/12, 13)।

...अनुमान किया जा सकता है कि इन औरतों की क्या परिणति होती रही होगी।

...इस दोहरी मानसिकता का एक और प्रमाण प्राप्त होता है। यदि गणिका सचमुच पापिनी है और पाप के संस्पर्श से दूर रहना चाहिए, इस नीति को हम मानें तो पाप द्वारा अर्जित धन के दान को तो समाज को अस्वीकार करना ही चाहिए। लेकिन तथ्य यह है कि गणिका द्वारा अर्जित

धन का भोग करने में समाज को कोई दुविधा नहीं होती थी। गणिका अर्द्धकाशी ने अनेक लोकोपकारी कामों के लिए अपनी विशाल सम्पत्ति दान में दे दी थी और बहुत बड़ी राशि भगवान बुद्ध के चरणों में अर्पित की थी। लेकिन बुद्ध या उपकृत जनता किसी ने इसे अस्वीकार नहीं किया। जैन ग्रंथ बृहत्कल्पभा के अनुसार एक गणिका ने एक चित्रशाला की प्रतिष्ठा की थी, दूसरी गणिकाओं ने गरीबों और जैन मठों को प्रचुर दान दिया था। धनी गणिकाओं ने सेतु, कूप, उद्यान, मन्दिर, मठ, चैत्य कुंज, पुष्करिणी आदि दान करके देशवासियों का उपकार किया था। अनेक देवदासियों ने भी लोगों की भलाई के लिए प्रचुर काम किए थे। बौद्ध साहित्य में गणिका आम्रपाली ने बुद्ध और उनके भक्तों के लिए आम का बगीचा दान किया था। कहने का तात्पर्य यह कि समाज ने पूरी तरह इनका और इनके अर्थ का भोग किया तथापि यही माना कि इन्हें स्पर्श करने से पाप होता है, इनका अन्न ग्रहण करने पर प्रायश्चित्त करना चाहिए।

काम-नियंत्रण के लिए प्रलोभन

जैसाकि बार-बार लिखा जा चुका है, कामेच्छा-कामवासना मनुष्य जाति के स्वभाव का अभिन्न अंग रही है। इसके नियंत्रण के लिए धर्मशास्त्रों में कई टोने-टोटके और उपाय बताए गए हैं किन्तु देवताओं, ऋषि-मुनियों, धर्म-प्रचारकों की प्राचीन काल से चली आ रही सतत चेष्टा के बावजूद इसे दमित नहीं किया जा सका।

हाल के 30-40 वर्षों में हमारे देश में यह देखा गया है कि पुरुषों में काम-वासना हिंसक रूप लेती जा रही है। कड़े से कड़े कानूनी प्रावधानों के बावजूद।

आये-दिन समाचार-पत्रों में यह खबर मिलती रहती है कि कुछेक मास की अबोध बालिका से लेकर 70-75 साल की वृद्धा तक के साथ लोग क्रूरता से सम्भोग करते हैं, उनके गुप्तांगों को क्षत-विक्षत कर देते हैं और अन्ततः हत्या कर कहीं न कहीं फेंक देते हैं।

ऐसा लगता है, प्राचीन काल में धर्मशास्त्रियों ने इन सब कुकृत्यों की कल्पना की होगी तभी तो उन्होंने मरणोपरांत स्वर्ग, दोजख व हेवेन में पुरुषों के लिए अप्सराओं-हूरों का लॉलीपॉप दिया और कहा, स्वर्ग में अनंत काल तक कामसुख भोगोगे, इस जन्म में अच्छे कर्म किये तो।

कुरान में तो ईश्वर ने हूरों के अलावा गिल्मों (लौंडों) तक का प्रावधान रखा है, जिनकी आँखें बड़ी होंगी और गाल लाल होंगे। इतना ही नहीं, इहलोक में भी एक पुरुष को कुछ शर्तों के साथ चार स्त्रियों से विवाह करने की छूट है।

और औरतों के लिए?

कई वर्षों के अध्ययन के बावजूद ऐसा कोई श्लोक या ऋचा या आयत नहीं मिली जिसमें स्त्रियों के लिए इस प्रकार की कोई व्यवस्था हो। जबकि मनु और कौटिल्य इस तथ्य को उजागर करते हैं कि पुरुषों की तुलना में स्त्रियों में कामेच्छा कई गुना ज्यादा होती है।

कृष्ण का प्रेम-प्रसंग व सोलह हजार आठ रानियाँ

वैदिक युग तक इन्द्र व अग्नि का वर्चस्व रहा। राम और कृष्ण तब तक अवतरित नहीं हुए थे। पौराणिक युग में वाल्मीकि ने रामायण लिखकर राम को मर्यादा पुरुषोत्तम के रूप में स्थापित किया।

महर्षि वेदव्यास ने श्रीमद्भागवत लिखकर कृष्ण को ईश्वर के अवतार (सोलह कलापूर्ण) के रूप में स्थापित किया। तब से लेकर आज तक राम और कृष्ण छाए हुए हैं। वैदिक युग के इन्द्र व अग्नि हाशिए पर चले गए।

कृष्ण-लीला, राम-लीला विगत सैकड़ों वर्षों से सारे देश में, विशेष कर उत्तर भारत में अत्यन्त लोकप्रिय रही है। श्रीमद्भागवत के अनुसार, श्रीकृष्ण की आठ ब्याहता पत्नियाँ थीं जिन्हें रानी, पटरानी कहा जाता रहा किन्तु राधा के साथ उनकी प्रेमगाथा से सभी परिचित हैं। उनकी प्रेमगाथा इस कदर परवान चढ़ी कि कृष्ण का पर्याय बन गई और राधा-कृष्ण के नाम से उनकी न सिर्फ पहचान बनी बल्कि पूजा-अर्चना तक होने लगी। इनका प्रेम अत्यन्त प्रगाढ़ था, यह तो सभी स्वीकार करते हैं, किन्तु उस प्रेम को कोई संज्ञा देने के नाम से विद्वानों को हिचकिचाहट होती है।

कृष्ण की बाँसुरी की धुन पर राधा सब कुछ छोड़-छाड़कर उनके पार्श्व में आ खड़ी होती हैं और प्रेम में इस कदर मगन हो जाती कि उन्हें दीन-दुनिया की खबर नहीं रहती।

कृष्ण के मथुरा छोड़कर द्वारका के लिए प्रस्थान करने के बाद राधा की विरह-वेदना को लेकर काफी कुछ लिखा गया। राधा-कृष्ण की पहली प्रेमिका थीं जो रिश्ते में उनकी मामी लगती थीं और उम्र में उनसे बड़ी थीं। किन्तु वह उनकी विधिवत् पत्नी नहीं थीं।

मथुरा से द्वारका की यात्रा के दौरान कृष्ण ने विभिन्न राज्यों में प्रवेश किया और स्वयं द्वारा तथा जबरन भी, आठ रानियों से विवाह रचाया।

कोसल देश के राजा नग्नजित की प्रतिज्ञा थी कि जो उसके सात साँड़ों को एक साथ नाथेगा, उससे अपनी पुत्री राजकुमारी सत्या का विवाह करेगा। कई राजा आए, असफल होकर लौट गए। अन्ततः श्रीकृष्ण ने यह कारनामा किया और उनका विवाह राजकुमारी से सम्पन्न हुआ।

मार्ग में यमुना के किनारे सूर्यदेव की परमसुन्दरी कन्या कालिंदी को तप करते देख श्रीकृष्ण मोहग्रस्त हो गए और उससे विवाह रचाया।

अवन्त देश के राजा विन्द अपनी बहन मित्रविन्दा का स्वयंवर रचा रहे थे, जिसमें कई देशों के राजा पधारे हुए थे। भरी सभा में कृष्ण ने मित्रविन्दा का हाथ थामा और सबके देखते-देखते उसे ले गए।

इसी प्रकार भद्रदेश के राजा की सुन्दर कन्या लक्ष्मणा का स्वयंवर हो रहा था, कृष्ण ने उसका भी हाथ पकड़ा और ले गए।

कैकय देश के शक्तिशाली राजा की कन्या भद्रा का पाणिग्रहण उसके पिता ने श्रीकृष्ण के साथ कराया।

इस प्रकार श्रीकृष्ण की आठ रानियाँ थीं, जिनमें पटरानी थीं रुक्मणी।

दैत्य भौमासुर के महल में सोलह हजार राजकुमारियाँ कैद थीं। युद्ध में भौमासुर की हत्या कर कृष्ण ने उन बंदी राजकुमारियों को मुक्त कराया किन्तु जब उनसे किसी ने विवाह नहीं करना चाहा तो स्वयं श्रीकृष्ण विवाह कर उन्हें अपने महल में ले गए।

कहते हैं, सोलह हजार आठ रानियों के साथ एक साथ वह रतिक्रिया करते थे।

वात्स्यायन का कामसूत्रम्

यूँ तो ऋषि वात्स्यायन का 'कामसूत्र' पाँच सौ पृष्ठों से भी अधिक का है, किन्तु श्री देवदत्त शास्त्री द्वारा संपादित (जयमंगला टीका सहित), चौखम्भा संस्कृत संस्थान, वाराणसी द्वारा प्रकाशित 'हिंदी कामसूत्र' से कुछ उद्धरण साभार यथावत प्रकाशित किये जा रहे हैं :

1. (कौटलीय अर्थशास्त्र, अ. 2 प्र. 1 विद्यासमुद्देश)। टीकाकार यशोधर ने वार्ता का अर्थ तो कौटिल्य-सम्मत स्वीकार किया है किन्तु कौटिल्य की भाँति वार्ता को वह विद्या न मानकर शास्त्र मानता है। 'वार्ता शास्त्रम्' शास्त्र और विद्या में बहुत बड़ा अन्तर होता है। वार्ता चार विद्याओं के अन्तर्गत एक विद्या है। इन विद्याओं से ही विभिन्न विषयों के शास्त्रों की रचना हुई है।

'काम' का लक्षण बतलाते हुए आचार्य लिखते हैं : कान, त्वचा, आँख, जिह्वा, नाक—इन पाँच इंद्रियों की इच्छानुसार शब्द, स्पर्श, रूप, रस और गंध—अपने इन विषयों में प्रवृत्ति ही 'काम' है अथवा इन इन्द्रियों की प्रवृत्ति से आत्मा जो आनन्द अनुभव करता है, उसे 'काम' कहते हैं (9911)।

भारतीय दर्शन का सिद्धान्त है कि विद्या और अविद्या यही दो मुख्य बीज हैं। जब ये दोनों समान मात्रा में एक दूसरे से मिलते हैं तब तीसरा बीज भी उत्पन्न हो जाता है। मन, प्राण और वाक्—तीनों अव्यय और जगत के साक्षी माने जाते हैं। इनमें से प्राण जब मन को अधिक मात्रा में ग्रहण करता है तब वह विद्या कहलाता है और जब वह वाक् को अधिक मात्रा में लेता है तब अविद्या कहलाता है। यह अविद्या-विद्या रूप आत्मा

का वह स्वाभाविक विकास है जो कि बाहर के पदार्थों को अपने में मिला लिया करता है, जिससे ज्ञान निर्विषयक और सविषयक—इन रूपों में बँट जाता है। जो निर्विषयक ज्ञान होता है, वह आत्मा का मुख्य रूप है किन्तु वही जब बाह्य पदार्थों को अपने में समाहित कर सविषयक होता है तब विषयों के परिच्छेद से परिच्छन्न बन जाता है। तात्पर्य यह कि ज्ञान में किसी विषय के प्रवेश होने की शक्ति को ही अविद्या कहते हैं।

इस अविद्या शक्ति में जो विषय बनकर प्रविष्ट हुआ, जान पड़ता है, वही 'काम' है। क्योंकि ज्ञान के साथ ही साथ इच्छा, आकर्षण का संवेग बढ़ता है और यदि वह ज्ञान में प्रविष्ट न होता तो आकर्षण की इच्छा न होती। क्योंकि जिस मनुष्य ने जिस वस्तु का उपयोग, श्रवण, दर्शन, स्पर्शन कभी नहीं किया है, उसे उस वस्तु का ज्ञान न होने से इच्छा और आकर्षण नहीं उत्पन्न हो सकते। इससे निष्कर्ष यह निकलता है कि ज्ञान में जिस विषय का संस्कार उत्पन्न हो जाता है, वह वासना के रूप में ज्ञान में विद्यमान रहता है और जब उस विषय को प्राप्त करने की इच्छा उत्पन्न होती है, आकर्षण पैदा होता है तो उस इच्छा या आकर्षण को 'काम' कहते हैं। चूँकि वह इच्छा ज्ञान के विषय अर्थात् वासना से उठती है, इसलिए उस विषय की वासना को भी 'काम' कहते हैं। वात्स्यायन का मुख्य अभिप्राय यही है। इस 'काम' के कारण ही एक वस्तु दूसरी वस्तु पर आकृष्ट होकर संयोग करती है। इसलिए 'काम' को ही सृष्टि का अर्थात् दो वस्तुओं के मेल से नई वस्तु की उत्पत्ति का कारण माना गया है।

इस सूत्र में 'काम' की व्यावहारिक व्याख्या करते हुए आचार्य लिखते हैं : चुम्बन, आलिंगन आदि प्रासंगिक सुख के साथ कपोल, स्तन, नितम्ब आदि विशेष अंगों के स्पर्श करने से आनन्द की जो फलवती प्रतीति होती है वह 'काम' है॥ 12॥

स्त्रियों को शास्त्र समझने की बुद्धि नहीं होती, इस आक्षेप का निराकरण करते हुए सूत्रकार कहता है : ऐसी गणिकाएँ, राजपुत्रियाँ और मंत्रियों की पुत्रियाँ हैं जो केवल प्रयोगों में ही नहीं बल्कि कामशास्त्र और

संगीतशास्त्र में निपुण हैं॥ 11॥

गणिकाओं और राजपुत्रियों को कामशास्त्र और उसके अंगभूत संगीतशास्त्र की व्यावहारिक और तात्त्विक शिक्षा देने की भारतीय पद्धति बहुत पुरातन है। भारतीय समाज में वेश्याओं का समादरण उनके रूप, वय, आकर्षण के साथ ही उनकी विद्वत्ता, योग्यता और परिचयचारुता के कारण होता रहता है। बौद्ध जातकों की 'अम्बपाली' और भास के नाटक दरिद्र चारुदत्त की 'वसंतसेना' रूप और गुण में आदर्श महिला समझी जाती थीं। बड़े-बड़े सम्राट और संत भी उनके पास आया-जाया करते थे।

इसलिए विश्वस्त स्त्री से एकांत स्थान में समस्त प्रयोगों की, कामशास्त्र की, संगीतशास्त्र की अथवा इनके आवश्यक अंशों की शिक्षा स्त्रियों को ग्रहण करनी चाहिए॥ 12॥

अभ्यास से सफल होनेवाली चौंसठ कलाओं में प्रयोगों का अभ्यास कन्या को एकान्त स्थल पर करना चाहिए॥ 13॥

विश्वस्त स्त्री-शिक्षिका का निर्देश देते हुए कहते हैं निम्नांकित छह प्रकार की आचार्याओं में से कोई एक कन्याओं की आचार्या हो सकती है :

1. पुरुष के साथ संभोग कराने का अनुभव प्राप्त कर चुकी हो, ऐसी, साथ में पाली-पोसी, खेली हुई धाय की लड़की।
2. अथवा निश्छल हृदय की ऐसी सखी, जो सम्भोग का अनुभव कर चुकी हो।
3. अपनी ही उम्र की मौसी।
4. मौसी के समान विश्वासयोग्य बूढ़ी दासी।
5. कुल, शील, स्वभाव से पूर्व परिचित भिक्षुणी-संन्यासिनी।
6. अपनी बड़ी बहिन॥ 14॥

पुरुषों को आचार्य और शिक्षक सर्वत्र सुलभ होते हैं किन्तु स्त्रियों के लिए कामशास्त्र की शिक्षा की व्यवस्था के लिए आचार्या की नियुक्ति सरल नहीं है। इसलिए वात्स्यायन ने छह प्रकार की स्त्रियों में से किसी

एक को कामशास्त्र की प्रयोगात्मक शिक्षा देने के लिए चुनने की सलाह दी है। इस निर्वाचन में विश्वास, आत्मीयता और पवित्रता निहित है। सीखने-सिखाने में संकोच, लज्जा नहीं होगी, साथ ही चरित्र भी उज्ज्वल बना रहेगा।

कामसूत्रकार ने उक्त छह प्रकार की आचार्याओं का परिगणन काम की 64 कलाओं की शिक्षा के लिए किया है। इन कलाओं का निरंतर अभ्यास करने से दक्षता प्राप्त हो सकती है।

सूत्रकार ने यह भी अवकाश दे दिया है कि यदि पूरी कलाओं के सीखने का अवसर न मिले अथवा सिखानेवाली आचार्या न मिले, तो जितना भी समय मिल रहा हो, उतने ही में और आधी, तिहाई, चौथाई कलाओं को जाननेवाली भी मिले तो उससे उतनी कलाएँ सीख लेनी चाहिए।

नाड़ी के संचालन में स्त्री सुभगा और दुर्भगा होती है। वह रुक्ष वर्ण, दुर्बल और असमय में वृद्ध हो जाती है। पुत्री नाड़ी के संचालन से स्त्री में सदा जवानी की बहार बनी रहती है। यदि दुहित्री का संचालन किया जाए तो स्त्री के लड़कियाँ पैदा होती हैं और यदि पुत्री तथा दुहित्री दोनों नाड़ियों का संचालन एक साथ किया जाए तो नपुंसक सन्तान पैदा होती है।

कुचमर्दन करने से सती नाड़ी में प्रस्फुरण पैदा होता है। स्त्री की दोनों बगलें सहलाने से असती नाड़ी उत्तेजित होती है। अधर चुम्बन से सुभगा, कमर सहलाने से दुर्भगा, मुँह चूमने से पुत्री और नितम्ब सहलाने से दुहित्री नाड़ी में क्षोभ उत्पन्न होकर तत्काल कामोद्दीपन हो जाता है।

आलिंगन के इस वैज्ञानिक प्रयोजन और महत्त्व को आयुर्वेद ने भी स्वीकार किया है। चरक का कथन है कि स्त्री-पुरुष के समागमजन्य प्रहर्ष से सुषुम्ना तथा मस्तिष्क में स्थित जनन अवयवों के केन्द्र उत्तेजित होकर अपने-अपने अवयवों को प्रेरित करते हैं। इससे ग्रंथियाँ शुक्र का स्राव करती हैं और अन्य सम्बद्ध इन्द्रियाँ अपना काम करती हैं। नाड़ी-संस्थान का यह कर्म वायु की प्रेरणा से हुआ करता है।

आलिंगन-स्पर्शन के बिना भी कामुक सम्भाषण से जननेन्द्रियों से सम्बन्ध रखनेवाली ग्रन्थियों से स्राव होने लगता है। यही स्राव सहवास

के लिए पूर्ण उत्तेजना बन जाता है। कदाचित इसीलिए वात्स्यायन ने पहले से सावधान करते हुए लिखा है कि नागरिक को चाहिए कि वह अपने मित्रों के साथ पुष्पमालाओं से अलंकृत, सुगंधित द्रव्यों से सुवासित रतिगृह में जाकर प्रिया से लुभावनी बातें करके, उसकी चाटुकारिता करके पहले उसे प्रसन्न करे, फिर उसकी दाहिनी ओर बैठकर चिकनी-चुपड़ी बातें करते हुए उसके केशों और वस्त्रों को सँभालने-सहलाने के बहाने स्पर्श करे। इधर-उधर के लतीफे सुनाकर परिहास और प्रेम की बातें करके उसे अनुकूल बना ले। दोहरा अर्थ रखनेवाला मजाक करे, और जब वह संभोग के लिए तैयार-सी जान पड़े तो मित्रों को इत्र-पान देकर विदा कर दे। एकांत होने पर आलिंगन और चुम्बन करे। इस प्रकार सम्भोग-यज्ञ के पूर्व भगवान् कामदेव का आह्वान कर उन्हें अंग-अंग में प्रतिष्ठित कर सम्भोग-अनुष्ठान प्रारंभ करना चाहिए।

चुम्बन, नखक्षत, दंतक्षत—ये तीनों एक दूसरे से पहले या पीछे नहीं होते, क्योंकि काम के समय क्रम का ध्यान नहीं रहता है। प्रायः सम्भोग से पूर्व काम को उत्तेजित करने के लिए इनका प्रयोग हुआ करता है। सम्भोग काल में तो प्रहार और सीत्कार—इन दो का ही प्रयोग होता है॥ 1॥

वात्स्यायन का मत है कि राग समय और नियमों के बन्धन की अपेक्षा नहीं रखता है, इसलिए चुम्बन, नखक्षत आदि हर कोई हर समय कर सकता है॥ 2॥

प्रथम सम्भोग के दिन चुम्बन, नखक्षत और दंतक्षत का प्रयोग एक साथ नहीं करना चाहिए। जैसे-जैसे अनुराग और रति बढ़े, वैसे-वैसे चुम्बन, नखक्षत आदि का क्रमशः प्रयोग करना चाहिए। कामसंवेग बढ़ जाने के बाद चुम्बन आदि का एक साथ और शीघ्रतापूर्वक प्रयोग करना चाहिए जिससे कामवासना प्रज्वलित हो और सम्भोग-सुख प्राप्त हो॥ 3॥

मस्तक, जुल्फें, गाल, आँखें, छाती, स्तन, नीचे का ओठ और मुख का आंतरिक भाग (जीभ) चूमने के स्थल हैं। लाटदेश के निवासी जंघा,

बाहुमूल तथा नाभि को भी चूमते हैं। कामवासना के न्यूनाधिक्य के कारण तथा देशाचार भेद से चुम्बन के स्थानों में भेद है। वात्स्यायन कहता है कि यहाँ पर सभी मनुष्यों के उपयोगी चुम्बन स्थानों की गणना की गई है॥ 4॥

चुम्बन के भेदों का परिगणन करते हुए वात्स्यायन कहता है कि सम्भोग में कामोद्दीपन के लिए चुम्बन करना चाहिए किन्तु चुम्बन के साथ ही नखक्षत और दंतक्षत करना स्वाभाविक हो जाता है। कामातुर होने पर यह परिज्ञान नहीं रह जाता है कि पहले चुम्बन किया जाए, फिर नखक्षत और इसके बाद दंतक्षत। इस अज्ञानता का कारण बताते हुए वह कहता है कि 'राग' समय और नियम का पाबन्द नहीं होता है, उस समय जोश सवार रहता है। क्या पहले किया जाए और क्या बाद में, इसका कुछ होश नहीं रह जाता है।

वात्स्यायन ने यहाँ 'राग' शब्द देकर अपनी सार्वभौम कामशास्त्रीय परिचयचारुता का परिचय दिया है। संभोग से पूर्व रति की पाँचवीं अवस्था का नाम 'राग' है। संभोग की प्रौढ़ इच्छा का नाम 'रति' है। धीरे-धीरे जब रति दृढ़ हो जाती है तो प्रेम कहलाने लगती है। जैसे सूर्य अपनी तपन से नवनीत को पिघला देता है, उसी प्रकार प्रेम जब चित्त को पिघला देता है तो वह स्नेह बन जाता है। बढ़ता हुआ स्नेह मान बनता है और मान बढ़कर प्रणय बन जाता है और प्रणय जब बद्धमूल हो जाता है तब वह राग बन जाता है। यही राग जब अपनी चरम अवस्था को प्राप्त होता है तब वह अनुराग कहा जाने लगता है। जैसे ईख के बीच से इक्षुदंड बनता है, इक्षुदंड जब पेरा जाता है तो वह रस बन जाता है, रस जब आग में पकाया जाता है तो वह गुड़ बन जाता है। वही गुड़ जब साफ करके चूर्ण किया जाता है तो खाँड़ बन जाता है। खाँड़ का जब पुनः संस्कार किया जाता है तो वह शर्करा बन जाती है, शर्करा को जब पुनः तपाया जाता है और नया संस्कार किया जाता है तो वह मिश्री बन जाती है और मिश्री को साफ कर, तपाकर एकदम हल्की बना दिया जाता है तो वह ओला कहलाने लगती है। उसी प्रकार स्त्री और पुरुष के बीच आकर्षण-बीज है, रति अँखुवा है, प्रेम इक्षुदंड है, स्नेह रस के समान है, मान गुड़ के

समान है, प्रणय खाँड़ के समान है, राग शक्कर के समान है, अनुराग मिश्री के समान है और भाव ओला के समान है।

वात्स्यायन का कहना सर्वथा उचित है कि राग में चुम्बन आदि के क्रम का ज्ञान नहीं रह जाता है। रागावस्था में स्त्री-पुरुष एक दूसरे को शक्कर के समान मीठे जान पड़ते हैं। वे चाहे जहाँ चूमें, जहाँ नाखून गड़ाएँ और कहीं भी दाँतों से काटें, उन्हें आनन्द मिलेगा ही। खाँड़ की रोटी चाहे जिधर से काटी जाए, मीठी ही होती है।

सुहागरात के दिन जब पति-पत्नी का प्रथम मिलन होता है अथवा प्रेमी और प्रेमिका का जब प्रथम मिलन होता है, उस दिन पति या प्रेमी को सावधानी बरतने की जरूरत अवश्य है। परस्पर आकर्षण से रति का बीजारोपण हो ही जाता है, उस बीज को अंकुरित, पल्लवित, सुपुष्पित और फलवान बनाने के लिए धैर्य और सावधानी की नितान्त आवश्यकता है। आलिंगन, चुम्बन आदि के अमृतवारिस से उसे क्रमशः सींचना चाहिए। अंकुरित रति जब पलकर, पुष्ट होकर राग का रूप धारण कर ले, उस समय चुम्बन, नखक्षत, दंतक्षत में क्रमभंग होना बुरा नहीं है। रागवृद्धि होने पर इस क्रम को निभाने की चेतना भी नहीं रह जाती है। यह राग केवल पुरुष ही में नहीं उत्पन्न होता है, उसके साथ स्त्री भी रागमयी बन जाती है। रागावस्था में पुरुष द्वारा की गई हर हरकत का जवाब देने के लिए स्त्री तैयार हो जाती है। उसकी वासनाएँ उस समय इतनी उद्दीप्त हो जाती हैं कि वह शील, लज्जा और संकोच का परित्याग कर पुरुष का गाढ़ालिंगन करती है। चुम्बन का जवाब चुम्बन से, नखक्षत का जवाब नखक्षत से और दंतक्षत का जवाब दंतक्षत से दिया करती है।

किन्तु वास्यायन के कहने का आशय यह है कि प्रारंभ में ही जब रति की अवस्था रहती है, उस समय पुरुष यदि उद्दाम वासनाओं से अभिभूत होकर दाँतों से, नाखूनों से स्त्री के कोमल अंगों पर प्रहार करने लगता है तो संभोग-सुख की वास्तविक उपलब्धि तो होती ही नहीं, साथ ही ऐसे स्थायी परिणाम निकलते हैं जो मानसिक कुंठा बनकर जीवन भर साथ रहते हैं। कुछ ही क्षणों की असावधानी से सम्पूर्ण दाम्पत्य जीवन किरकिरा बन जाता है।

स्त्रियाँ अंगों से ही नहीं, स्वभाव और चित्त से भी कोमल हुआ करती हैं। उन्हें फूल समझकर उनका उपयोग ऐसे ढंग से करना चाहिए कि मुरझाने न पाएँ और सुगन्धित बनी रहें। आलिंगन, चुम्बन आदि करने में बलात्कार किया जाता है तो स्त्रियों में भय, आशंका, ईर्ष्या, घृणा—कोई न कोई मानसिक विकार उत्पन्न होकर आजीवन बना रहता है। तरुणी के स्वभाव और चित्तवृत्ति को भली भाँति समझकर उससे उस प्रकार का व्यवहार करना चाहिए। वह किस स्थान के चुम्बन को अधिक पसंद करती है, दंतक्षत या नखक्षत उसे किस समय अधिक पसंद है अथवा इन्हें अधिक महत्त्व नहीं देती है—यह सब समझ-बूझकर व्यवहार करना सर्वथा उचित है।

प्रारंभ के तीन दिन तो बड़ी ही सावधानी के होते हैं। यदि इस अवधि में स्त्री के हृदय में पुरुष के प्रति किसी प्रकार की विरक्ति का भाव पैदा हो जाता है तो सदैव के लिए वह उसके मन में घृणा बनकर निवास करेगी। इस समय पुरुष को चाहिए कि धैर्य धारण कर, निहायत कोमल बनकर योग्यतापूर्वक स्त्री की मानसिक बाधाएँ दूर करे। स्त्री के शील-संकोच और लज्जा का भी खयाल रखना चाहिए। स्त्रियाँ सम्भोग अँधेरे में ही पसंद करती हैं। उनकी इस वृत्ति के विरुद्ध पुरुष यदि प्रकाश करके उनके अंगों को देखता है, उन पर नाखूनों और दाँतों का प्रहार करता है तो शीलवती कामिनी उस पुरुष में मानवीय चेष्टाओं के विपरीत दानवीय वृत्ति होने का अनुमान कर लेगी और जीवनभर उसका यह अनुमान धारणा बनकर रहेगा, वह पुरुष को अमानवीय वृत्तियों का ही समझती रहेगी।

आनन्द के दान और प्रतिदान का माध्यम सम्भोग है। परस्पर सुख और आनन्द की उपलब्धि के लिए स्त्री और पुरुष अपना सब कुछ एक दूसरे को सौंप दिया करते हैं। आत्मसमर्पण ही स्त्री और पुरुष के लिए अत्यधिक आनन्द और सौभाग्य की वस्तु है। सम्भोग केवल ऐन्द्रिक सुख को ही नहीं प्रदान करता बल्कि वह आत्मबलिदान, आत्मसमर्पण की भी शिक्षा देता है। सम्भोग के इस रहस्य को समझ लेने पर हम उसका उचित प्रयोग, सदुपयोग कर सकते हैं। पशु और मानव में केवल इसी

समझ का अन्तर है।

अधिकतर सम्भोग प्रेम और भूख—इन दो मानसिक वृत्तियों पर निर्भर रहता है। प्रेम उदार और भावुक बनाता है तथा वासना की भूख स्वार्थी बनाती है। अधिकांश लोग यही समझते हैं कि दाम्पत्य जीवन के विधानों को कामशास्त्र द्वारा समझने की कोई जरूरत ही नहीं है। प्रकृति सब कुछ स्वयं सिखा देती है। ऐसे विचार रखनेवाले मध्य जीवन में पदार्पण करने पर दुखी और निराश देखे जाते हैं। उनका दाम्पत्य जीवन नीरस हो जाता है। पति-पत्नी के स्वभाव में चिड़चिड़ापन आ जाता है। कभी-कभी तो एक दूसरे के प्रति अविश्वास की भावना भी जड़ जमा लेती है।

वात्स्यायन इस विकृत अवस्था से सुरक्षित रखने के लिए ही उपदेश देता है कि सम्भोग से पूर्व आलिंगन, चुम्बन आदि उसी क्रम से किये जाएँ जिस क्रम से रति का उद्वेग बढ़ता जाए। काम संवेग जब पूर्ण अवस्था में आ जाए तब चुम्बन, नखक्षत आदि शीघ्रतापूर्वक करने चाहिए।

वात्स्यायन ने ललाट, जुल्फ, कपोल, नयन, छाती, स्तन, नीचे का ओठ और जीभ को चुम्बन के स्थान बताए हैं किन्तु साथ ही यह भी उल्लेख किया है कि लाटदेश के लोग जाँघों के जोड़ों को, काँख और पेड़ू को भी चूमते हैं। देशाचार के अनुसार हर प्रदेश में चुम्बन की विधियाँ भिन्न-भिन्न सम्भव हैं। नैषधीय चरित से ज्ञात होता है कि चुम्बन रात में ही करना चाहिए, दिन में करना निषिद्ध है।

पुनर्भू-प्रकरण—काम-वासनाओं को नियंत्रित न रख सकने वाली विधवा जब भोगी, विलासी नायक-गुणसम्पन्न व्यक्ति को अपना पति बना लेती है तब उसे पुनर्भू कहा जाता है॥ 31॥

आचार्य गोनर्दीय का मत है कि यदि छोड़े गए दूसरे, तीसरे नायक से अधिक कामकला-कुशल चौथा नायक हो तो वह पुनर्भू स्त्री वर्तमान नायक को गुणहीन समझकर चौथे नायक के पास जा सकती है। उससे भी अधिक यदि कोई अन्य नायक गुणी हो तो उसके पास जाकर रह सकती है। इस तरह उत्तरोत्तर निर्गुणी नायकों को छोड़ती और गुणी

नायकों को पकड़ती हुई पुनर्भू स्त्री वेश्याकोटि में आ जाती है॥ 34॥

आचार्य वात्स्यायन का मत है कि जहाँ अपना मन बैठता हो, वहीं पुनर्भू को बैठ जाना चाहिए॥ 35॥

उत्तम कोटि की पुनर्भू स्त्री अपने कुटुम्बियों से, जिसके घर बैठे, उससे उसकी सेवा करके जो लेना चाहे, वह इतना हो कि जिससे मद्यपान, मनोरंजन, दान–दक्षिणा और मित्रों के सत्कार आदि का खर्च चल जाए॥ 36॥

अपनी इच्छा से एक नायक को छोड़कर दूसरे के पास चली जाए तो पहले नायक के दिये हुए उपहारों को छोड़कर बाकी उसकी सभी वस्तुएँ वह पुनर्भू स्त्री उसे वापस कर दे॥ 39॥

साथ निःसंकोच, स्वच्छंद भाव से रहना, बातें करना, पति के बाहर चले जाने पर अकेली रहना, घर से बाहर विदेश में रहना, जीविकाहीन होना, कुलटाओं का साथ मिल जाना, पति से ईर्ष्या करना—आदि कारणों से स्त्रियाँ व्यभिचारी बन जाती हैं॥ 45॥

परायी स्त्रियों को किस प्रकार व्यभिचारी लोग फँसाया करते हैं, उनके सभी हथकंडों को इस कामसूत्र के पारदारिक अधिकरण में पढ़कर कोई बुद्धिमान अपनी स्त्री के विषय में धोखा नहीं खा सकता है॥ 46॥

इस शास्त्र में यह दिखाया जा चुका है कि परायी स्त्रियों से सम्बन्ध करना दोनों लोकों को बिगाड़ता है। इसलिए कोई भी बुद्धिमान पुरुष इस बुरे कर्म में प्रवृत्त होने की इच्छा न करे॥ 47॥

पुरुषों की भलाई और स्त्रियों के सतीत्व की रक्षा के लिए ही यह प्रकरण लिखा गया है। इसलिए इसमें बताए गए प्रयोगों का उपयोग किसी को दूषित करने में न किया जाए।

पिछले प्रकरण में परस्त्रीसमागम करनेवाले व्यक्तियों की, चेष्टाएँ,

दूतियों के भयंकर षड्यंत्र, राजाओं की स्वेच्छाचारिता, रनिवास की रानियों की कपट-लीलाओं का जो वर्णन किया गया है, उसका तात्पर्य यह है कि इन सब रहस्यों को पढ़कर, समझकर, अनुभव करके लोग धोखे में न आएँ। उनका कर्तव्य है कि अपनी स्त्रियों के चरित्र की रक्षा सावधान होकर करते रहें। इस प्रसंग में वात्स्यायन ने स्त्रियों की रक्षा के उपायों को बताते हुए उन कारणों को भी स्पष्ट किया है, जिनसे स्त्रियों के चरित्र का विनाश हुआ करता है। उन्होंने हिदायत की है कि स्त्रियाँ अधिक गप-शप न किया करें। घर से बाहर दरवाजे पर न खड़ी रहें। रास्ते से आते-जाते हुए पुरुषों को न देखा करें। परपुरुषों से खुलकर धृष्टतापूर्वक बातें न किया करें, अकेली न तो घर में रहें और न यात्रा करें, कुलटा स्त्रियों से सम्पर्क न रखें।

वात्स्यायन की भाँति अन्य कामशास्त्रियों ने भी स्त्रियों के बिगड़ने के कारणों पर पर्याप्त विचार किया है। आचार्य पद्मश्री का कहना है कि उद्यान वीथि, नटयुद्ध, उत्सव, यात्रा तथा देवालय, आस-पास पड़ोस के घरों में और खेतों में जाकर स्त्रियाँ न तो अश्लील बातें करें और न सुनें ही क्योंकि जवानी का उन्माद स्त्री को विवेकशून्य बना देता है। दूतियों के वाग्जाल में फँसकर वे अपना कुलाचार और सतीत्व या कौमार्य खो बैठती हैं।

आचार्यों का कहना है कि जो स्त्री तरुण, सुन्दर युवक को देखकर विचलित नहीं होती और उसके इशारों को नहीं समझती है, वह उत्तम श्रेणी की स्त्री है।

अनंगरंग का मत है कि जो स्त्री अधिकतर अपने मायके में रहती है, कुलटा स्त्रियों के सम्पर्क में रहती है, या पति परदेश में रहता हो अथवा उसका पति वृद्ध या नपुंसक होता है, तो वह स्त्री व्यभिचारिणी बन सकती है।

विधवा, अपनाया और संन्यासिनी स्त्रियों के साथ सूत्राध्यक्ष सहवास कर सकता है॥ 8॥

रात को पहरा देते हुए रहस्यों का ज्ञाता नगराध्यक्ष भी घूमनेवाली स्त्रियों से सहवास कर सकता है॥ 9॥

माल को बेचते-खरीदते समय बाजार का पण्याध्यक्ष बाजारू औरतों से सहवास कर सकता है॥ 90॥

मैथुन, मद्यपान और मांसभक्षण में प्रेरणा की आवश्यकता नहीं पड़ती है, क्योंकि इनकी ओर व्यक्तियों का झुकाव स्वाभाविक रूप से हो जाता है। सहज झुकाव होने के कारण इनका नाश नहीं हो सकता। इसलिए इनका नियमन किया गया है और विशेष समय पर खास अवसर पर इनमें प्रवृत्त होने का नियम बनाया गया है किन्तु इनसे निवृत्त होना इष्ट है।

ऋग्वेद में भी इसी आश्य का प्रतिपादन बहुत खुलकर किया गया है। इस सूक्त में 23 मंत्र हैं। प्रत्येक मंत्र का अन्तरा 'विश्वस्मादिन्द्र उत्तर:' है। इन्द्र को लानत- मलामत सुनाती हुई इन्द्राणी इन्द्र से जो कुछ कहती है, उसका तात्पर्य यही है कि जो पुरुष संभोग द्वारा स्त्री को प्रसन्न और तृप्त नहीं कर सकता, वह कथमपि ऐश्वर्यवान् नहीं हो सकता है।

मनु ने भी मनुस्मृति में मांसभक्षण, मद्यपान और मैथुन के सम्बन्ध में लिखते हुए कहा है कि इनके सेवन से कोई पाप-दोष नहीं लगता है क्योंकि ये तो देहधारियों की प्रवृत्तियों के अन्तर्गत है। हाँ, यदि इन विषयों के सेवन से दूर रहा जाए तो मनुष्य कल्याण प्राप्त कर सकता है :

न मांसभक्षणे दोष: न मद्ये न च मैथुने।
प्रवृत्तिरेषा भूतनानां निवृत्तिस्तु महाफला॥

यहाँ पर एक दूसरी शंका उपस्थित की जा सकती है कि शास्त्र में अच्छी-बुरी सभी प्रकार की बातों का चिंतन, मनन, विवरण और उल्लेख हो सकता है और उसका उद्देश्य भी स्वीकार्य हो सकता है किन्तु अधिकांश प्राचीन देवमन्दिरों में जो मिथुन मूर्तियाँ, मान्मथ-भाव संभोग-क्रियाएँ उत्कीर्ण रहती हैं, उनका क्या तात्पर्य, क्या उद्देश्य हो सकता है? इस शिल्प को तो धर्मशाला में सनहकी का उपयोग करना, अमृत में विष घोलना, दिव्य प्रवृत्ति और भावों में असुर भावों को उत्पन्न कराना माना जा सकता है।

इस प्रकार की शंका निर्मूल या निराधार नहीं कही जा सकती है—यौन भावों, मिथुन भावों की कलात्मक अभिव्यक्तियों का इतिहास भी हमारे देश में बहुत पुराना है। इतिहास के धरातल पर समस्त विकासोन्मुख

धार्मिक परम्पराओं में मान्मथ-भाव निहित देखे जाते हैं। कला, संस्कृति और साहित्य सभी क्षेत्रों में मान्मथ-भावों का प्राचुर्य और प्राधान्य है। कला के क्षेत्र में मान्मथ-भावों का निदर्शन हमें ईसापूर्व पचास वर्ष की मथुरा की यक्षिणियों की मूर्तियों में मिलता है। कौशाम्बी में प्राप्त कुषाणकालीन शिल्पकला खंडों में भी मान्मथ भाव उत्कीर्ण हैं। यही नहीं, सिन्धुघाटी में प्राप्त प्रागैतिहासिककालीन मूर्तियों में भी मान्मथ-भावों के प्रदर्शन हैं।

मूर्तिकला में मान्मथ-भावों का अंकन खजुराहो, कोणार्क, भुवनेश्वर और पुरी के मन्दिरों में पाया जाता है। इनमें कामसूत्रीय भावनाएँ बड़ी संजीदगी से आँकी गई हैं। वैदिक यज्ञों की यज्ञवेदियों में भी मान्मथ-भावों का अंकन वैदिक युग से चला आ रहा है। सांस्कृतिक क्षेत्र में लिंग-पूजा इसका बहुत बड़ा और प्राचीन निदर्शन है, शिव-पार्वती, लक्ष्मी-नारायण, राधा-कृष्ण, सीता-राम की उपासना के मूल में भी मान्मथ-भाव सन्निविष्ट हैं।

साहित्य के क्षेत्र में वेदों, उपनिषदों, ब्राह्मणों, आरण्यकों, कल्पसूत्रों, पुराणों और महाकाव्यों में मान्मथ-भावों का उद्रेक और शृंगारिक भावों के चित्रण सर्वोपरि अस्तित्व रखते हैं। नौ रसों में शृंगार-रस सर्वश्रेष्ठ माना जाता है। दार्शनिक साहित्य में रस को साक्षात् ब्रह्म कहा गया है। उपनिषदों में वामदेव्य गान की तुलना स्त्री-पुरुष के संभोग से की गई है।

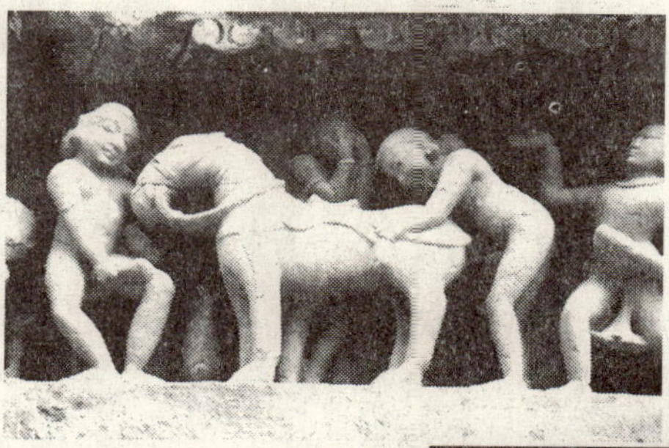

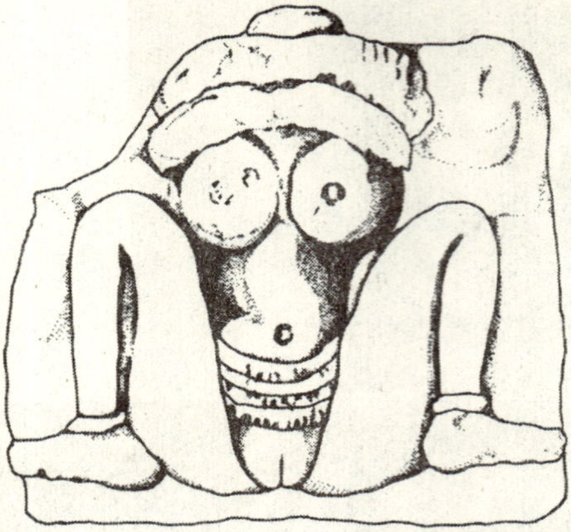

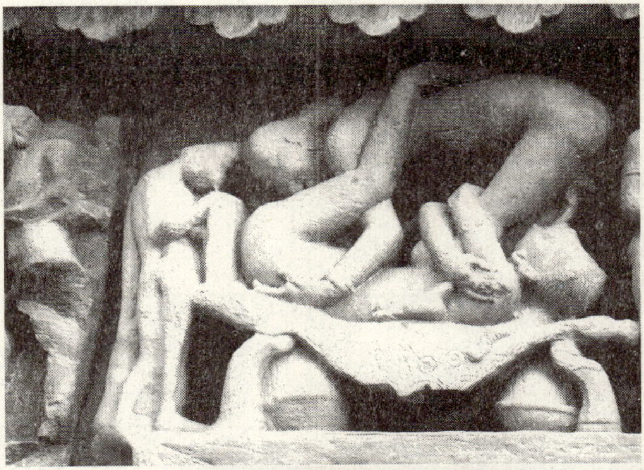

श्री भर्तृहरिकृतं श्रृंगारशतकं

राजा भर्तृहरि के तीन शतक से कौन परिचित नहीं? नीति शतक के बाद उनका लिखा श्रृंगार शतक कामवासना को चरम तक ले जाता है। पाठकों के लिए यहाँ उनके श्रृंगार शतक के कुछ टुकड़े प्रस्तुत कर रहे हैं :

भौंह फेरने की चातुर्यता से आकुंचित नेत्र जिनके ऐसे अर्थात् अर्द्धनेत्र से कटाक्ष चलाना, मीठी बातें बोलना, लज्जित हो हँसना, लीला करते मंद-मंद चलना और घूमके खड़ी हो जाना—इस प्रकार आचरण करना यह स्त्रियों का अलंकार और शास्त्र भी होता है अर्थात् इन्हीं भावों से स्त्रियाँ पुरुषों को मारती हैं॥ 3॥

वे श्रेष्ठ कवि निश्चित ही उलटी समझवाले हैं, जिन्होंने स्त्रियों का नाम अबला रखा है, क्योंकि जिनकी चंचल पुतलियों के कटाक्ष से इन्द्रादिक भी हार मानते हैं, भला कहो, वे अबला कैसे हैं?॥ 10॥

दीपक, अग्नि, तारे, सूर्य और चंद्रमा—ये सब हैं परन्तु एक मृगनैनी मेरी स्त्री बिना मुझे सब जग अँधेरा है॥ 14॥

मनोहर सुगंधवाली माला, पंखे का वायु, चांदनी, पुष्पों का पराग, तड़ाग, चंदन की रज, निर्मल मद्य, श्वेत धाम की अच्छी ऊँची छत, अच्छे मलमल से महीन वस्त्र और कमलनैनी सुन्दर स्त्री इत्यादि पदार्थों से ग्रीष्मऋतु में पुण्यवान् सुख उठाते हैं॥ 39॥

संग त्याग करने की कथा शास्त्रवक्ता पंडितों के मुख से केवल

कथनमात्र ही है, नहीं तो लालरत्नजड़ित करधनी वाली कमल-नैनी स्त्रियों के जघन-स्थल छोड़ने में कौन समर्थ है?॥ 56 ॥

जो स्त्रियों की निंदा करता है, वह झूठा पंडित आप तो ठगा ही गया पर औरों को भी ठगता है, क्योंकि तपस्या का फल स्वर्ग है और स्वर्ग का फल अप्सराभोग है॥ 57 ॥

पुरुष सत मार्ग में तभी तक रहता है, इन्द्रियों को उसी समय तक वश में रख सकता है और लज्जा विनयवान् भी उसी काल तक रहता है, जब तक श्यामबरौनीरूपी पंख धारण किये, भौंहरूपी धनुष करके कानों तक खींचे गए और धैर्य छुड़ाने वाले लीलावती सुन्दर स्त्रियों के नैनरूपी बाण छूटकर हृदय में नहीं लगते॥ 59 ॥

बड़ाई, पंडिताई, विवेकता और कुलीनता—ये सब मनुष्य की देह में तभी तक रहती है, जब तक शरीर में कामाग्नि नहीं प्रज्वलित होती।

मदन का वेग बहुत कठिन है। जैसे—दुबला, काना, लंगड़ा, कनकटा, दुमटुट्टा, शरीर में क्षत, उसमें से पीव बह रही है, हजारों कीड़े जिसमें भरे हैं और क्षुधा से पीड़ित, गले में हंडी का मुँह अटका रहा है—ऐसे ऐसे क्लेशों से व्याप्त होते हुए भी कुत्ता कुतिया के पीछे दौड़ता है। खेद की बात है कि जो अपने शरीर-कष्ट से मरता है, उसको भी यह मदन मारता है॥ 63 ॥

विश्वामित्र, पराशर इत्यादि बड़े-बड़े ऋषि जो कि वायु, जल और पत्ते खा-पी के रह जाते थे, वे भी स्त्री के कमलरूप मुख को देख के मोह को प्राप्त हुए। तो अब जो मनुष्य अन्न, घी, दूध, दही इत्यादि अच्छे सरस व्यंजन भोजन करते हैं, उनकी इन्द्रियाँ जो वश में हो जाएँ तो समुद्र पर विंध्याचल के तैरने में क्या आश्चर्य है?॥ 65 ॥

ऐ संसार। यदि अच्छे नेत्रवाली दुस्तर स्त्रियाँ तेरे बीच में न होतीं तो तुझसे पार होना कुछ कठिन न था॥ 68 ॥

स्त्री तभी लौं अमृतमय है, जब लौं नेत्र के सामने है। नेत्र से जब दूर हुई तब विष से भी अधिक हो जाती है; अर्थात् विरह से संताप देती है॥ 74॥

स्त्रियों से परे न कोई अमृत है और न विष। यदि वह (स्त्री) प्रीति करे तो अमृतलता है और प्रीति तोड़ बैठे तो विष की मंजरी है॥ 75॥

संशयों का भँवर, अविनय का घर, साहसों का नगर, दोषों का पात्र, अविश्वास और सैकड़ों कपट करके भरा हुआ, अवगुणों का खेत, स्वर्गद्वार का विघ्नकारक, नरकनगर का द्वार, सब मायाओं का पिटारा, अमृत से लिपटा विष और प्राणियों के फँसाने का फंदा—ऐसा यह स्त्री-रूपी यंत्र ब्रह्माजी ने रचा है॥ 76॥

पूर्णमासी के चन्द्रमा की छवि का हरण करनेवाला सुन्दर आकारवाला और श्रेष्ठ ऐसा जो स्त्रियों का मुख कमल, उसमें अधरामृत रहता है। मंदरा के फल के तुल्य वह मुख अज्ञात व युवा अवस्था में अच्छा लगता है। फिर वह काल व्यतीत होने पर अर्थात् ज्ञान व वृद्धापन प्राप्त होने से विष-सा बुरा लगेगा॥ 79॥

जो बातें तो किसी अन्य पुरुष से करती हैं, विलाससहित और ही की ओर देखती हैं, और हृदय में और ही से मिलने की चाह रखती हैं, फिर कहो, ऐसी स्त्रियों को कौन प्यारा है? अर्थात् कोई नहीं॥ 81॥

स्त्रियों के अधर में अमृत और छाती में विष रहता है, इसी हेतु विषयी लोग अधर का पान करते हैं और छाती में मुष्टिका प्रहार करते हैं॥ 82॥

हे मित्र ! सहज ही क्रूर और विलास-रूपी फणों को धारण किये, कटाक्षरूपी ज्वाला की अग्नि को धारण किये, ऐसा जो यह स्त्री-रूपी सर्प है, उससे दूर भागो, क्योंकि अन्य सर्पों का डसा हुआ औषध से अच्छा हो सकता है, पर चतुर स्त्री-रूपी सर्प के डसे हुए को मंत्र-तंत्र वाले भी छोड़ भागते हैं॥ 83॥

हे मनरूपी पथिक। कुच-रूपी पर्वतों से अति दुर्गम ऐसा जो स्त्रियों

का शरीर-रूपी वन उसमें तू मत जा, क्योंकि वहाँ कामदेवरूपी चोर रहता है॥ 85॥

बड़ा लम्बा, चंचल, टेढ़ी चालवाला और तेजस्वी फणधारी, नीलकमल-सा और काला सर्प जो मनुष्य को काट ले तो अच्छा, परंतु स्त्री के कटाक्ष का काटा अच्छा नहीं, क्योंकि साँप के डसे को बचाने वाले धर्मार्थी मनुष्य सब देशों में बसते हैं, पर अच्छे नेत्रवाली स्त्री की दृष्टि से काटे हुए का न कोई वैद्य है, न औषध है॥ 86॥

महाभारतकालीन मुक्त-काम प्रसंग

महर्षि वेदव्यास कृत एवं ज्वाला प्रसाद शास्त्री द्वारा संपादित 'महाभारत' में हालाँकि काम को लेकर कई प्रसंग हैं किन्तु उनमें से कुछ प्रसंगों का उल्लेख उक्त पुस्तक से यहाँ पाठकों की जानकारी के लिए यथावत प्रस्तुत है :

महाभारत-काल में गंधर्व-विवाह काफी प्रचलित था। शकुंतला, जो भारत के सुप्रसिद्ध राजा भरत की माता थी, का गंधर्व विवाह राजा दुष्यंत से हुआ था। कुछ दिन शकुंतला के साथ भोग-विलास के पश्चात् पहचान-स्वरूप अपनी अँगूठी दे कर राजकाज सँभालने अपने राज्य चले गए और उसकी कोई सुध नहीं ली। शकुंतला जब पति से मिलने राजा दुष्यंत के पास पहुँची तो उसने उसे पहचानने तक से इन्कार किया। संयोग से पहचान की अँगूठी भी कहीं खो गई थी। बाद में जब वह अँगूठी मिली तब राजा को गंधर्व-विवाह की स्मृति हुई और उसने शकुंतला तथा पुत्र भरत को अपना लिया। इसका विस्तृत वर्णन महाभारत तथा कालिदास कृत 'अभिज्ञान शाकुंतलम्' में मिलता है।

जब धीवर कन्या (मच्छोदरी) सात वर्ष की हुई, तो एक दिन पाराशर ऋषि उधर आ निकले और उस कन्या के लावण्य पर मोहित हो गए। उन्होंने उस कन्या से रति-दान माँगा।

कन्या ने कहा—इस समय मैं बालिका हूँ, मुझे कामेच्छा विषयों का कोई ज्ञान नहीं। इसके अतिरिक्त दिन का समय है। क्या आप यह नहीं जानते कि हमारे-आपके संग को अनेक नर-नारी देखेंगे।

काम से पीड़ित पाराशर ने उसी क्षण मच्छोदरी को युवती बना दिया

तथा कुहरे से अंधकार उत्पन्न करके, कन्या से रति-दान प्राप्त किया।

मच्छोदरी के उदर से व्यास जी उत्पन्न हुए। मच्छोदरी को बड़ा दुःख हुआ और वह अपने कलंक के लिए पश्चात्ताप करने लगी।

पाराशर ने मच्छोदरी को पुनः कन्या बना दिया और आप व्यास को साथ लिये वन को चले गए।

राजा शान्तनु ने सत्यवती के रूप पर मुग्ध हो निषादराज से प्रस्ताव किया कि वह अपनी कन्या का विवाह उनके संग कर दे।

निषादराज ने कहा—महाराज! आप क्षत्रिय हैं और मैं केवट। आप काम के वशीभूत हो मेरी कन्या को भ्रष्ट करना चाहते हैं। यदि आप विवाह कर भी लेंगे तो काम-तृप्ति हो जाने पर उसको त्याग देंगे। यदि दैवयोग से मेरी कन्या से सन्तान भी हो गई तो वह आपके राज्य की अधिकारी न हो सकेगी। आपके पुत्र हैं जिसे आप युवराज घोषित कर चुके हैं।

शान्तनु अपना मन मारकर नगर को वापस चले आए, परन्तु वे सत्यवती की भोली सूरत को अपनी आँखों से ओझल न कर सके। उन्हें सत्यवती का सौन्दर्य सताने लगा और वे इसी चिन्ता में गलने लगे।

जब देवव्रत को इसका पता लगा तो वे निषाद के पास गए और उससे सत्यवती का विवाह महाराज शान्तनु के संग करने की प्रार्थना की।

निषाद राज ने कहा—(महाराज) शान्तनु का राज्य सत्यवती से उत्पन्न सन्तान को ही मिले, तभी मैं अपनी कन्या महाराज को दे सकता हूँ अन्यथा नहीं।

देवव्रत ने वचन दिया—मैं प्रतिज्ञा करता हूँ कि तुम्हारी पुत्री की सन्तान ही गद्दी की अधिकारी होगी। मैं जीवनभर राज्य पर अपना अधिकार न जमाऊँगा।

परन्तु निषाद राज को सन्तुष्टि न हुई। उन्होंने कहा—आप राज्य से अपना अधिकार हटाते हैं परन्तु हो सकता है कि आपकी सन्तान मेरी पुत्री की सन्तान को राज न करने दे।

इस पर देवव्रत ने प्रतिज्ञा की—मैं जीवनभर ब्रह्मचर्य का पालन करूँगा, जिससे आपकी पुत्री की सन्तान निःशंक राज्य कर सके।

जब देवव्रत ने यह प्रतिज्ञा की तो आकाश में जय-जयकार हो उठी।

देवताओं ने पुष्प-वर्षा की और घोषित किया कि आज से देवव्रत का नाम भीष्म होगा, क्योंकि देवव्रत ने ऐसा भीष्म व्रत लिया है।

निषाद राज निरुत्तर हो गए और उन्होंने सत्यवती का विवाह महाराज शान्तनु से करना स्वीकार कर लिया।

महाराज शान्तनु की रानी सत्यवती से चित्रांगद और विचित्रवीर्य नामक दो पुत्र हुए। भीष्म ने अपने दोनों भाइयों को विद्याध्ययन कराया। वे स्वयं माता-पिता की सेवा में रत रहने लगे।

जब चित्र और विचित्र बालक ही थे, महाराज शान्तनु गौलोकवासी हो गए। अत: भाइयों की देख-रेख, माता की सेवा और राज्य की देखभाल का भार भीष्म पर आया। चित्र और विचित्र भीष्म के संरक्षण में आनन्दपूर्वक रहने लगे। जब वे बड़े हुए तो भीष्म को अपने भाइयों के विवाह की चिन्ता हुई।

काशी नरेश ने अम्बा, अम्बिका और अम्बालिका नामक अपनी तीन कन्याओं के विवाह के लिए स्वयंवर रचा। भीष्म को जब स्वयंवर का पता चला तो वे वहाँ गये और बलपूर्वक उन तीनों कन्याओं को हर लाए। भीष्म ने अम्बिका का विवाह चित्रांगद से और अम्बालिका का विचित्र वीर्य से कर दिया।

अम्बा जो उनमें सबसे बड़ी थी, उसने भीष्म से कहा—मैं राजा शल्व को प्रेम करती हूँ और उन्हें अपना पति मान चुकी हूँ।

यह सुनकर भीष्म ने उससे कहा—तुम प्रसन्नता से शल्व के पास जाकर उससे विवाह करो, क्योंकि आर्य कन्या जीवन में केवल एक बार ही वरण कर सकती है।

अम्बा शल्व के पास गई और उससे विवाह करने की प्रार्थना की। शल्व ने कहा—तुम्हें भीष्म स्वयंवर से जीतकर ले जा चुका है। अत: अब तुम मेरे काम की नहीं रही, मैं तुमसे विवाह नहीं कर सकता।

अम्बा लज्जित होकर भीष्म के पास पुन: आई, परन्तु भीष्म अम्बा को रखने को तैयार नहीं हुए।

इस पर अम्बा खीजकर परशुराम के पास गई और उनसे अपनी समस्त कथा कह सुनाई। परशुराम को अम्बा पर तरस आया। वे उसे लेकर भीष्म के पास आए और अम्बा को ग्रहण करने के लिए कहा।

भीष्म ने गुरु के सन्मुख अपनी प्रतिज्ञा बताकर असमर्थता प्रकट की। महर्षि परशुराम को भीष्म का उत्तर सन्तुष्ट न कर सका। उन्होंने भीष्म से युद्ध करने का निश्चय किया। युद्ध छिड़ गया। दोनों गुरु-शिष्य एक से एक कठिन बाण छोड़कर एक दूसरे को पराजित करना चाहते थे। वह युद्ध सात दिन तक निरन्तर चलता रहा। परशुराम जी ने क्रोधित हो अनेक बाण छोड़े, किन्तु भीष्म ने उनको मार्ग में ही काट गिराया। जब भृगुपति के सब अस्त्र समाप्त हो गए तो उन्होंने भीष्म को शाप दिया—तुमने क्षत्रिय होकर गुरु का अपमान किया है, इसलिए रण में तुम्हारी मृत्यु अस्त्रहीन होकर होगी।

जब परशुराम जी शाप देकर चले गए तो अम्बा को अपनी दशा पर महान दुःख हुआ। उसने भीष्म को शाप दिया—भीष्म! मेरी मृत्यु तेरे कारण हो रही है, अतः मैं ही तेरी मृत्यु का कारण बनूँगी। यह शाप देकर उस कन्या ने अग्नि में कूदकर प्राण त्याग दिये और द्रुपद के यहाँ जन्म लेकर शिखंडी नाम से प्रसिद्ध हुई।

इसके पश्चात भीष्म ने विदुर देश के राजा की शूद्रा नामक कन्या का हरण करके उसे विचित्र वीर्य की दासी बनाया।

राजा चित्रांगद एक दिन आखेट की खोज में ऐसे जंगल में जा पहुँचे, जहाँ चित्रांगद गन्धर्व रहा करता था। उसने राजा पर बड़ा क्रोध किया और कहा—तूने मनुष्य होकर गन्धर्वों का नाम रखा है? अस्तु, तेरी मृत्यु निश्चित है—इतना कह उसने बहुत-से गन्धर्वों को बुलाकर राजा से युद्ध ठान दिया और चित्रांगद की हत्या कर दी।

भीष्म ने चित्रांगद का क्रिया-कर्म करने के उपरान्त विचित्र वीर्य को राजा बनाया।

सत्यवती के दुःख का परावार न था। युवावस्था में पति-वियोग तथा दूसरे पुत्र की मृत्यु के कारण उसके आँसू न सूखते थे। माता की व्याकुलता दूर करने के निमित्त भीष्म उनके निकट जा दुःख दूर करने वाला सुन्दर उपदेश देने लगे। जब इसी प्रकार उपदेश देते बहुत दिन बीत गए तो विचित्र वीर्य के मन में यह पाप उत्पन्न हुआ कि भीष्म रात के समय में माता के पास क्या करते हैं? उसे पापपूर्ण शंकाएँ होने लगीं, किन्तु भीष्म पर विचित्र वीर्य को जब इस शुभ कर्म की वास्तविकता ज्ञात हुई तो उन्हें अपने मन में

उत्पन्न होने वाले पाप के लिए बड़ा दुख हुआ। वे उसके प्रायश्चित्त का उपाय जानने की आशा से भीष्म के निकट जाकर बोले—हे बन्धु! मनसा पाप धारण करने वाले को मोक्ष किस प्रकार प्राप्त हो सकता है।

भीष्म ने बताया कि निर्दोष को दोष लगानेवाले व्यक्ति का प्रायश्चित्त काशी जाकर अग्नि द्वारा अपने शरीर को जला देने पर ही होता है।

विचित्र वीर्य भीष्म की बात सुनकर चुपचाप काशी चले गए। मनसा पाप का प्रायश्चित्त करने को राजा ने अपने शरीर को अग्नि की भेंट कर दिया।

रानी सत्यवती और भीष्म को पता लगने पर वंश के नाश हो जाने के लिए महान दुःख हुआ।

अब सत्यवती के सामने यह प्रश्न आया कि राज्य का शासक कौन बने? भीष्म राजगद्दी पर न बैठने की प्रतिज्ञा में बँधे थे। केवल एक ही मार्ग था कि चित्रांगद और विचित्र वीर्य की रानियों के किसी प्रकार संतान हो जिससे राजवंश चलता रहे। पहले सत्यवती ने चाहा कि भीष्म ही अम्बिका तथा अम्बालिका को ग्रहण करके संतानोत्पत्ति करके राजवंश चलाए, परन्तु भीष्म ने अपनी ब्रह्मचर्य व्रत की प्रतिज्ञा छोड़ना किसी प्रकार भी स्वीकार न किया।

सत्यवती को तब एकाएक अपने पुत्र व्यास की याद आई। स्मरण करते ही व्यास जी अपनी माता के समक्ष उपस्थित हो गए और स्मरण करने का कारण पूछने लगे।

व्यास जी को सत्यवती ने राजवंश चलाने को कहा और अम्बिका व अम्बालिका को सन्तान दान देने को कहा।

व्यास जी ने माता की आज्ञा शिरोधार्य करके कहा—बारी-बारी से दोनों रानी यदि मेरे पास नग्नावस्था में आवें तो इनसे सन्तान होगी।

पहले अम्बिका उनके पास पहुँची परन्तु व्यास जी के सामने जाते ही लज्जा से उसकी आँखें बन्द हो गईं। व्यास जी ने कहा—तुम्हारे पुत्र तो होगा, परन्तु वह अंधा होगा।

अत: अम्बिका के गर्भ से धृष्तराष्ट्र हुए जो जन्मांध थे।

अम्बालिका जब व्यास जी के सामने आई तो वह उनके तेज को न सह सकने के कारण पीली पड़ गई। व्यास जी से अम्बालिका के गर्भ में

पांडु जन्मे।

दोनों रानियों के बाद शूद्रा व्यास जी के पास प्रसन्न मुद्रा में पहुँची। वह न तो शरमाई और न पीली ही पड़ी। व्यास जी उससे बहुत प्रसन्न हुए और उसे वर दिया कि तुम्हारे गर्भ से बहुत विद्वान और धर्मात्मा पुत्र जन्म लेगा। उसके गर्भ से महात्मा विदुर का जन्म हुआ।

इस प्रकार व्यास जी की कृपा से धृतराष्ट्र, पांडु और विदुर ने शान्तनु के वंश में जन्म लिया।

पाँचों पुत्रों के साथ कुन्ती जब वन में पहुँची तो वह बहुत थक गई। भूख-प्यास के कारण सब भाइयों का शरीर निर्जीव हो गया। भाइयों तथा माता को व्यथित जान भीम ने कुन्ती को अपने कन्धे पर बैठाया तथा नकुल-सहदेव को एक ओर एवं युधिष्ठिर-अर्जुन को दूसरी ओर की गोद में लेकर आगे चल दिये। संध्या होने पर एक वट वृक्ष के नीचे विश्राम की सोच भीम ने सबको वहाँ उतारने के पश्चात् देखा कि प्यास के कारण उनके मुँह से बोल निकलना भी बन्द है। भीम को जल प्राप्त करने की चिन्ता हुई और वे वन में जल की खोज करने लगे।

भीम ने जल लाकर अपनी माता इत्यादि की प्यास शान्त की और उन सबके सो जाने के बाद वे अपनी दशा पर विचार करने लगे।

उसी वन में हिडिम्ब नाम का दानव रहता था। उसने जब मनुष्य गन्ध पाई तो अपनी बहन हिडिम्बा को उन मनुष्यों का मांस प्राप्त करने भेजा। हिडिम्बा ने जिस समय भीम का सुन्दर शरीर देखा तो वह उस पर मोहित होकर बोली—मेरे भाई हिडिम्ब ने मुझे तुम मनुष्यों को मारकर मांस प्राप्त करने के लिए भेजा है। किन्तु तुम्हारा रूप देखकर मेरे विचार पलट गए हैं। मैं तुम्हारे साथ विवाह करना चाहती हूँ, किन्तु हिडिम्ब का ध्यान आते ही चिन्ता होने लगती है। हिडिम्बा की बातें सुन भीम ने उसे सान्त्वना देते हुए कहा—तुम्हारा भाई हिडिम्ब क्या, देवता भी तुम्हारा कुछ नहीं बिगाड़ सकते।

इसी प्रकार दोनों जब ऐसी बातें कर रहे थे तो हिडिम्ब दानव सब कुछ देख अत्यन्त क्रोधित हो अपनी बहन को मारने दौड़ा कि मैं तुझे मारे बिना न छोड़ूँगा। हिडिम्ब को आते देख भीम ने ललकारा। हिडिम्ब

के क्रोध की सीमा न रही और वह भीम की ओर बढ़ा। उस दानव को भीम ने इतनी जोर से फेंका कि वह दूर जा गिरा, तब वह विकराल रूप धारण कर उठा।

अन्तत: राक्षस मारा गया और भीम ने हिडिम्बा से विवाह किया जिससे एक पुत्र-रत्न घटोत्कच की प्राप्ति हुई।

ययाति के शरीर में जरावस्था का प्रवेश, कामकन्या से भेंट, पुरु का यौवन-दान, ययाति का कामकन्या के साथ प्रजावर्ग सहित वैकुंठधाम-गमन

सुकर्मा कहते हैं—पिप्पल! महाराज ययाति कामदेव के गीत, नृत्य और ललित हास्य से मोहित होकर स्वयं भी नट-स्वरूप हो गए। वे मल-मूत्र का त्याग करके आए और पैरों को धोए बिना ही आसन पर बैठ गए। यह छिद्र पाकर वृद्धावस्था तथा कामदेव ने राजा के शरीर में प्रवेश किया। नृपश्रेष्ठ! उन सबने मिलकर इन्द्र का कार्य पूरा कर दिया। नाटक समाप्त हो गया। सब लोग अपने-अपने स्थान को चले गये। तत्पश्चात् धर्मात्मा राजा ययाति जरावस्था से पराजित हुए। उनका चित्त काम-भोग में आसक्त हो गया।

एक दिन वे कामयुक्त होकर वन में शिकार खेलने के लिए गए। उस समय उनके सामने एक हिरन निकला, जिसके चार सींग थे। उसके रूप की कहीं तुलना नहीं थी। उसके सभी अंग सुन्दर थे। रोमावलियाँ सुनहरे रंग की थीं, मस्तक पर रत्न-सा जड़ा हुआ प्रतीत होता था। सारा शरीर चितकबरे रंग का था। वह मनोहर मृग देखने ही योग्य था। राजा धनुष-बाण लेकर बड़े वेग से उसके पीछे दौड़े। मृग भी उन्हें बहुत दूर ले गया और उनके देखते-देखते वहीं अन्तर्धान हो गया। राजा को वहाँ नन्दन वन के समान एक अद्‌भुत वन दिखाई दिया, जो सभी गुणों से युक्त था। उसके भीतर राजा ने एक बहुत सुन्दर तालाब देखा, जो दस योजन लम्बा और पाँच योजन चौड़ा था। सब ओर कल्याणमय जल से भरा वह सर्वतोभद्र नामक तालाब दिव्य भावों से शोभा पा रहा था। राजा रथ के वेगपूर्वक चलने से खिन्न हो गए थे। परिश्रम के कारण उन्हें कुछ पीड़ा हो रही थी; अत: सरोवर के तट पर ठंडी छाया का आश्रय लेकर बैठ गए।

थोड़ी देर बाद स्नान करके उन्होंने कमल की सुगन्ध से सुवासित

सरोवर का शीतल जल पिया। इतने में ही उन्हें अत्यन्त मधुर स्वर में गाया जानेवाला एक दिव्य संगीत सुनाई पड़ा, जो ताल और मूर्च्छना से युक्त था। राजा तुरंत उठकर उस स्थान की ओर चल दिये, जहाँ गीत की मनोहर ध्वनि हो रही थी। जल के निकट एक विशाल एवं सुन्दर भवन था। उसी के ऊपर बैठकर रूप, शील और गुण से सुशोभित एक सुन्दरी नारी मनोहर गीत गा रही थी। उसकी आँखें बड़ी-बड़ी थीं। रूप और तेज उसकी शोभा बढ़ा रहे थे। चराचर जगत में उसके-जैसी सुन्दरी स्त्री दूसरी कोई नहीं थी। महाराज ययाति के शरीर में जरायुक्त काम का संचार पहले ही हो चुका था। उस स्त्री को देखते ही वह काम विशाल रूप में प्रकट हुआ। राजा कामाग्नि से जलने और काम-ज्वर से पीड़ित होने लगे।

उन्होंने उस सुन्दरी से पूछा—शुभे! तुम कौन हो? किसकी कन्या हो? तुम्हारे पास यह कौन बैठी है? कल्याणी! मुझे सब बातों का परिचय दो। मैं नहुष का पुत्र हूँ। मेरा जन्म चन्द्रवंश में हुआ है। पृथ्वी के सातों द्वीपों पर मेरा अधिकार है। मैं तीनों लोकों में विख्यात हूँ। मेरा नाम ययाति है। सुन्दरी! मुझे दुर्जय काम मारे डालता है। मैं उत्तम शील से युक्त हूँ। मेरी रक्षा करो। तुम्हारे समागम के लिए मैं अपना राज्य, समूची पृथ्वी और यह शरीर भी अर्पण कर दूँगा। यह त्रिलोकी तुम्हारी ही है।

राजा की बात सुनकर सुन्दरी ने अपनी सखी विशाला को उत्तर देने के लिए प्रेरित किया।

तब विशाला ने कहा—नरश्रेष्ठ! यह रति की पुत्री है। इसका नाम अश्रुबिन्दुमती है। मैं इसके प्रेम और सौहार्द्रवश सदा इसके साथ रहती हूँ। हम दोनों में स्वाभाविक मित्रता है, जिससे मैं सर्वदा प्रसन्न रहती हूँ। मेरा नाम विशाला है। मैं वरुण की पुत्री हूँ। महाराज! मेरी यह सुन्दरी सखी योग्य वर की प्राप्ति के लिए तपस्या कर रही है। इस प्रकार मैंने आपसे अपनी इस सखी का तथा अपना भी पूरा-पूरा परिचय दे दिया।

ययाति बोले—शुभे! मेरी बात सुनो यह सुन्दर मुखवाली रतिकुमारी मुझे ही पति रूप में स्वीकार करे। यह बाला जिस जिस वस्तु की इच्छा करेगी, वह सब मैं इसे प्रदान करूँगा।

विशाला ने कहा—राजन्! मैं इसका नियम बतलाती हूँ, पहले उसे सुन लीजिये। यह स्थिर यौवन से युक्त, सर्वज्ञ, वीर के लक्षणों से

सुशोभित, देवराज के समान तेजस्वी, धर्म का आचरण करनेवाले, त्रिलोक-पूजित, सुबुद्धि, सुप्रिय तथा उत्तम गुणों से युक्त पुरुष को अपना पति बनाना चाहती है।

ययाति बोले—मुझे इन सभी गुणों से युक्त समझो। मैं इसके योग्य पति हो सकता हूँ।

विशाला ने कहा—राजन्! मैं जानती हूँ, आप अपने पुण्य के लिए तीनों लोकों में विख्यात हैं। मैंने पहले जिन-जिन गुणों की चर्चा की है, वे सभी आपके भीतर विद्यमान हैं; केवल एक ही दोष के कारण यह मेरी सखी आपको पसंद नहीं करती। आपके शरीर में वृद्धावस्था का प्रवेश हो गया है। यदि आप उससे मुक्त हो सकें, तो यह आपकी प्रियतमा हो सकती है। राजन्! यही इसका निश्चय है। मैंने सुना है, पुत्र, भ्राता और भृत्य—जिसके शरीर में भी इस जरावस्था को डाला जाए, उसी में इसका संचार हो जाता है। अतः भूपाल! आप अपना बुढ़ापा तो पुत्र को दे दीजिए और स्वयं उसका यौवन लेकर परम सुन्दर बन जाइए। मेरी सखी जिस रूप में आपका उपभोग करना चाहती है, उसी के अनुकूल व्यवस्था कीजिए।

ययाति बोले—महाभागे! एवमस्तु, मैं तुम्हारी आज्ञा का पालन करूँगा।

राजा ययाति काम-भोग में आसक्त होकर अपनी विवेकशक्ति खो बैठे थे। वे घर जाकर अपने पुत्रों से बोले—तुम लोगों में से कोई एक मेरी दुःखदायिनी जरावस्था को ग्रहण कर ले और अपनी जवानी मुझे दे दे, जिससे मैं इच्छानुसार भोग भोग सकूँ। जो मेरी वृद्धावस्था को ग्रहण करेगा, वह पुत्रों में श्रेष्ठ समझा जाएगा और वही मेरे राज्य का स्वामी होगा। उसको सुख, सम्पत्ति, धन-धान्य, बहुत-सी संतानें तथा यश और कीर्ति प्राप्त होगी।

पुरु ने कहा—पिताजी! इसमें संदेह नहीं कि पिता-माता की कृपा से ही पुत्र को शरीर की प्राप्ति होती है; अतः उसका कर्तव्य है कि वह विशेष चेष्टा के साथ माता-पिता की सेवा करे। परन्तु महाराज! यौवन-दान करने का यह मेरा समय नहीं है।

पुरु की बात सुनकर धर्मात्मा राजा को बड़ा क्रोध हुआ। वे उसे शाप देते हुए बोले—तूने मेरी आज्ञा का अनादर किया है, अतः तू सब धर्मों से बहिष्कृत और पापी हो जा। तेरा हृदय ज्ञान से शून्य हो जाए और तू कोढ़ी

हो जा। पुरु को इस प्रकार शाप देकर वे अपने दूसरे पुत्र यदु से बोले—बेटा! तू मेरी जरावस्था को ग्रहण कर और मेरा अकंटक राज्य भोग।

यह सुनकर यदु ने हाथ जोड़कर कहा—पिताजी! कृपा कीजिए। मैं बुढ़ापे का भार नहीं ढो सकता। शीत का कष्ट सहना, अधिक राह चलना, कदन्न भोजन करना, जिनकी जवानी बीत गई हो ऐसी स्त्रियों से सम्पर्क रखना और मन की प्रतिकूलता का सामना करना—ये वृद्धावस्था के पाँच हेतु हैं।

यदु के यों कहने पर महाराज ययाति ने कुपित होकर उन्हें भी शाप दिया—जा, तेरा वंश राज्यहीन होगा। उसमें कभी कोई राजा न होगा।

यदु ने कहा—महाराज! मैं निर्दोष हूँ। आपने मुझे शाप क्यों दे दिया? मुझ दीन पर दया कीजिए, प्रसन्न हो जाइए!

ययाति बोले—बेटा! महान् देवता भगवान् विष्णु जब तेरे वंश में अपने अंशसहित अवतार लेंगे, उस समय तेरा कुल पवित्र शाप से मुक्त हो जाएगा।

राजा ययाति ने कुरु को शिशु समझकर छोड़ दिया और शर्मिष्ठा के पुत्र पुरुको बुलाकर कहा—बेटा! तू मेरी वृद्धावस्था ग्रहण कर ले।

पुरु ने कहा—राजन! मैं आपकी आज्ञा का पालन करूँगा। मुझे अपनी वृद्धावस्था दीजिए और आज ही मेरी युवावस्था से सुन्दर रूप धारण कर उत्तम भोग भोगिए।

यह सुनकर महामनस्वी राजा का चित्त अत्यन्त प्रसन्न हुआ। वे पुरु से बोले—महामते! तूने मेरी वृद्धावस्था ग्रहण की और अपना यौवन मुझे दिया; इसलिए मेरे दिये हुए राज्य का उपभोग कर।

अब राजा की बिलकुल नई अवस्था हो गई। वे सोलह वर्ष के तरुण प्रतीत होने लगे। देखने में अत्यन्त सुन्दर, मानो दूसरे कामदेव हों! महाराज ने पुरु को अपना धनुष, राज्य, छत्र, घोड़ा, हाथी, धन, खजाना, देश, सेना, चँवर और व्यंजन—सब कुछ दे डाला।

धर्मात्मा नहुषकुमार अब कामात्मा हो गए। वे कामासक्त होकर बारंबार उस स्त्री का चिन्तन करने लगे। उन्हें अपने पहले वृत्तान्त का स्मरण न रहा। नई जवानी पाकर वे बड़ी शीघ्रता के साथ कदम बढ़ाते हुए अश्रुबिन्दुमती के पास गए। उस समय उनका चित्त काम से उन्मत्त हो रहा था। वे विशाल नेत्रों वाली विशाला को देखकर बोले—भद्रे ! मैं प्रबल

दोष-रूप वृद्धावस्था को त्यागकर यहाँ आया हूँ। अब मैं तरुण हूँ, अत: तुम्हारी सखी मुझे स्वीकार करे।

विशाला बोली—राजन्! आप दोषरूपा जरावस्था को त्यागकर आये हैं, यह बड़ी अच्छी बात है; परन्तु अब भी आप एक दोष से लिप्त हैं, जिससे यह आपको स्वीकार करना नहीं चाहती। आपकी दो सुन्दर नेत्रोंवाली स्त्रियाँ हैं—शर्मिष्ठा और देवयानी। ऐसी दशा में आप मेरी इस सखी के वश में कैसे रह सकेंगे? जलती हुई आग में समा जाना और पर्वत के शिखर से कूद पड़ना अच्छा है; किन्तु रूप और तेज से युक्त होने पर भी ऐसे पति से विवाह करना अच्छा नहीं है, जो सौतरूपी विष से युक्त हो। यद्यपि आप गुणों के समुद्र हैं, तो भी इसी एक दोष के कारण यह आपको पति बनाना पसंद नहीं करती।

ययाति ने कहा—शुभे! मुझे देवयानी और शर्मिष्ठा से कोई प्रयोजन नहीं है। इस बात के लिए मैं सत्य धर्म से युक्त अपने शरीर को छूकर शपथ करता हूँ।

अश्रुबिन्दुमती बोली—राजन्! मैं ही आपके राज्य और शरीर का उपभोग करूँगी। जिस-जिस कार्य के लिए मैं कहूँ, उसे आपको अवश्य पूर्ण करना होगा। इस बात का विश्वास दिलाने के लिए अपना हाथ मेरे हाथ में दीजिए।

ययाति ने कहा—राजकुमारी! मैं तुम्हारे सिवा किसी दूसरी स्त्री को नहीं ग्रहण करूँगा। वरानने! मेरा राज्य, समूची पृथ्वी, मेरा यह शरीर और खजाना—सबका तुम इच्छानुसार उपभोग करो। सुन्दरी! लो, मैंने तुम्हारे हाथ में अपना हाथ दे दिया।

अश्रुबिन्दुमती बोली—महाराज! अब मैं आपकी पत्नी बनूँगी।

इतना सुनते ही महाराज ययाति की आँखें हर्ष से खिल उठीं। उन्होंने गान्धर्व-विवाह की विधि से काम-कुमारी अश्रुबिन्दुमती को ग्रहण किया और युवावस्था के द्वारा वे उसके साथ विहार करने लगे। अश्रुबिन्दुमती में आसक्त होकर वहाँ रहते हुए राजा को बीस हजार वर्ष बीत गए।

[संक्षिप्त पद्मपुराण से साभार]

समुद्र-मंथन और मोहिनी

काम का मनुष्य, देवता व दानव, सभी के जीवन में उतना ही महत्व है जितना धर्म का। देवता और दानवों के बीच समुद्र-मंथन की कथा से कौन परिचित नहीं, जिसमें विष्णु को मोहिनी रूप धारण करना पड़ा था। उसी कथा का विशद वर्णन नीचे दिया जा रहा है।

दैत्यों के राजा बलि के शासन में दैत्य, दानव, असुर आदि अति प्रबल हो रहे थे। उनके साथ उनके गुरु शुक्राचार्य की अगाध शक्ति भी थी। इसी दौरान इन्द्र दुर्वासा के शाप से शक्तिहीन हो गए थे। देवताओं को इस स्थिति से बड़ी चिन्ता हो रही थी। उन्होंने ब्रह्मा के पास जाकर देवलोक को भय से मुक्त कराने की प्रार्थना की।

ब्रह्मा उन सब देवताओं के साथ भगवान वैकुंठ के पास वैकुंठधाम में पहुँचे। वहाँ उन्हें कुछ दिखाई नहीं दिया। ब्रह्मा ने भगवान् की प्रार्थना की, तब भगवान् अपने चतुर्भुज स्वरूप में देवताओं के बीच प्रकट हुए।

भगवान वैकुंठनाथ ने अपनी मधुर वाणी में देवताओं से कहा—यह समय दैत्यों के अभ्युत्थान एवं तुम्हारी अवनति का है, इसी कारण तुम लोग कष्ट पा रहे हो। संकटकाल को मैत्री भाव से व्यतीत कर देना चाहिए। तुम इस समय दैत्यों से मित्रता कर लो और क्षीरसागर का मंथन करके उसमें से अमृत निकालकर पान कर लो। दैत्यों की सहायता एवं श्रम से यह कार्य सफलतापूर्वक होगा। उनके परिश्रम से तुमको अमृत प्राप्त हो जाएगा। इस कार्य के लिए असुरों को प्रसन्न करना है, अतः उनकी किसी भी शर्त को मान लेना चाहिए। अपना काम तो शान्ति से ही

पूरा होता है, क्रोध करने से काम बिगड़ते हैं। तुम अमृतपान करके अमर हो जाओगे और तुम्हें दैत्यों को मारने की सामर्थ्य भी प्राप्त होगी। यह कहकर भगवान अन्तर्धान हो गए।

तब देवराज इन्द्र देवताओं को साथ लेकर दैत्यराज बलि के पास गए और अमृत-प्राप्ति के लिए समुद्रमंथन में साथ देने को कहा। राजा बलि ने स्वीकार कर लिया।

दैत्यों तथा देवों ने मिलकर क्षीरसागर का मंथन करने के लिए मंदराचल पर्वत को उखाड़ लिया। पर्वत को सागर तक लाने में कितने ही दैत्यों तथा देवों के कुचल जाने के बाद भी सफलता नहीं मिली, तब भगवान स्वयं गरुड़ पर आए। उन्होंने खेल-ही-खेल में मंदराचल को उठाकर गरुड़ पर रख लिया तथा देव-दैत्यों को साथ लेकर क्षीरसागर पर आ गए। देव-दैत्य मंदराचल की रई तथा वासुकि नाग की नेति (डोरी) बनाकर उस पर्वत को समुद्र में खड़ा करने को उद्यत हुए; लेकिन बिना किसी आधार के पर्वत सागर के जल में डूबने लगा। तब भगवान श्रीहरि ने कच्छप रूप धारण करके समुद्र में प्रवेश किया और पर्वत को पीठ पर उठाकर मंथन आरम्भ करवा दिया। देवताओं ने अजित भगवान के साथ ही नागदेवता को मुख की ओर से पकड़ना चाहा। दैत्यों ने सोचा कि इसमें अवश्य कोई लाभ है, अत: वे बोले—मुख की ओर से हम खींचेंगे, आप लोग पूँछ की ओर जाएँ। देवताओं ने वासुकि नाग का मुँह छोड़कर पूँछ पकड़ ली; दैत्यों ने मुँह पकड़ लिया और मंथन आरम्भ कर दिया।

मंथन करने पर सबसे प्रथम जल का पापरूप उग्र कालकूट विष उत्पन्न हुआ। विष के भीषण ताप से देवता और असुर जलने लगे। उससे बचने का कोई मार्ग न देखकर देव-असुर भगवान शिव के पास पहुँचे और उनसे प्रार्थना करने लगे—प्रभु इस भयंकर विष से हमारी रक्षा करो। शंकर को दया आ गई। देव-असुरों की व्याकुलता देखकर उनकी रक्षा करने हेतु भगवान शंकर ने मंथन-स्थल पर आकर विष को हथेली में उठा लिया और पान कर गए। शिव ने विष को अपने कंठ से नीचे नहीं उतरने दिया। कालकूट विष के कारण भगवान शिव का कंठ नीला पड़ गया। तब भगवान शिव 'नीलकंठ' के नाम से भी पूजे जाने लगे।

समुद्र-मंथन और मोहिनी

सज्जन एवं परोपकारी लोग स्वयं कष्ट उठाकर भी दूसरों का भला करते हैं। भगवान शंकर के हाथ से विष की कुछ बूँदें टपक गई थीं। उसे पृथ्वी पर साँप, बिच्छू आदि जन्तुओं ने ग्रहण कर लिया।

उसके बाद मंथन से कामधेनु निकली, जिसे ऋषियों ने ले लिया। फिर उच्चैःश्रवा घोड़ा निकला, उसे दैत्यराज बलि ने ले लिया। इसके पश्चात समुद्र से ऐरावत हाथी निकला। उसे इन्द्र ने लिया। कौस्तुभमणि निकली, उसे अजित भगवान ने धारण कर लिया। कल्पद्रुम निकला, वह देवताओं को दे दिया गया। फिर मंथन से रंभा नाम की अप्सरा निकली। वह भी देवलोक में चली गई। फिर मंथन करने पर लक्ष्मी प्रकट हुई। लक्ष्मी को देखकर देवता-असुर—सभी के मन में लालच आ गया। लेकिन लक्ष्मी स्वयं ही भगवान अजित के पास चली गई और उनका आश्रय ले लिया। फिर समुद्र से कन्या के रूप में वारुणी निकली। दैत्यों ने उसे ग्रहण किया। फिर चंद्रमा, पारिजात वृक्ष तथा शंख आदि निकले। अन्त में अमृतघट हाथ में लिये धन्वंतरि प्रकट हुए।

दैत्यों ने झपटकर अमृतघट धन्वंतरि के हाथ से छीन लिया। देवताओं ने जब यह देखा तो उन्हें बड़ा कष्ट हुआ। जिस अमृत की प्राप्ति के लिए यह संघर्षपूर्ण मंथन किया गया था, वह अमृतघट दैत्य ले गए!

भगवान ने देवताओं की व्याकुलता देखी तो 'मोहिनी' स्वरूप धारण किया। अत्यन्त सुन्दरी मोहिनी की भाव-भंगिमा, कटाक्ष तथा आकर्षक देहयष्टि ने देव-दैत्यों की तो बात ही क्या, साक्षात् भगवान शंकर को भी मोहित कर लिया। शिव उस सुन्दरी के हावभाव एवं मधुर मुस्कान पर मुग्ध हो गए।

दैत्यों ने देखा कि वह मोहिनी उनकी ओर तिरछी चितवन से देख रही है, उन्होंने अमृत कलश के लिए हो रहे परस्पर झगड़े को छोड़ दिया और मोहिनी पर आसक्त हो गए। मोहिनी दैत्यों के निकट आई तो उन्होंने उम्मत्त होकर कहा—आओ सुन्दरी, तुम शायद हमारा झगड़ा निबटाने के लिए ही आई हो! हम तुम पर मुग्ध हो गए हैं। तुम अपने हाथों से अमृतपान कराओ।'

मोहिनी ने कहा—दैत्य एवं देव, तुम दोनों ही महर्षि कश्यप के पुत्र

हो और मेरे जैसी स्वेच्छाचारिणी पर विश्वास कर रहे हो। तुम सब मिलकर अमृतपान कर लो।

कामांध दैत्यों को सुन्दर स्त्री पर और भी विश्वास हो गया। वे बोले—तुम अपने हाथों से ही अमृत बाँट दो।

मोहिनी ने कहा—मैं जैसे भी, जो कुछ भी करूँगी, वह स्वीकार हो तो मैं सबको अमृत पिला सकती हूँ।

सभी ने सहर्ष इसे स्वीकार कर लिया।

एक दिन का उपवास करके देवता व दैत्य अलग-अलग पंक्तियों में अमृतपान के लिए बैठ गए। मोहिनी ने अमृतकलश उठाया और दोनों के बीच खड़ी हो गई। वह अपनी लुभावनी चितवन एवं मोहक मुसकान से दैत्यों की ओर देखती जाती और अमृतकलश से देवताओं को अमृतपान कराती मोहिनी अपनी मादक चाल से आगे बढ़ रही थी।

दैत्य तो अमृत को भूल ही गए थे। वे मोहिनी की छवि में खोए रह गए। दैत्यों को विश्वास था कि वह सुन्दरी उन्हें अमृत अवश्य पिलाएगी। वे मंत्रमुग्ध प्रतीक्षा करते रहे।

भगवान की इस चाल को राहु दैत्य समझ गया। वह अमृतपान करने ही लगा था कि सूर्य एवं चंद्रमा ने उसे पहचानकर शोर मचा दिया कि यह दैत्य है!

भगवान ने तत्काल अपने चक्र से राहु का सिर काट दिया। अमृत के प्रभाव से राहु का सिर जीवित रहकर एक ग्रह के रूप में स्थापित हो गया। धड़ केतु पृथ्वी पर गिर गया। तभी से राहु सूर्य-चंद्रमा के प्रति वैर भाव रखता है और उन पर आक्रमण करके उन्हें ग्रस लेता है। उसी को ग्रहण कहते हैं।

मोहिनी स्वरूप और शिव

कथा के अगले अंश में दिखाया गया कि विष्णु के मायावी मोहिनी स्वरूप ने किस प्रकार स्वयं शंकर भोलेनाथ को भी कामासक्त कर दिया था। उसी प्रसंग का यहाँ उल्लेख किया जा रहा है।

शंकर भोलेनाथ को भगवान विष्णु का वह मोहिनी स्वरूप याद आ गया, जो उन्होंने समुद्र मंथन के समय देवों को अमृतपान कराने के लिए धारण किया था। वे सती को लेकर अपने नंदी पर बैठे और विष्णुलोक आ पहुँचे।

भगवान विष्णु एवं लक्ष्मी शिव के मानस को जान गए थे, अतः मन-ही-मन हँसते हुए बोले—भोलेनाथ, आइए, आज हम आपका ही ध्यान कर रहे थे।

भोले शिव भगवान की माया नहीं समझे। बोले—प्रभु, मुझे वही मोहिनी स्वरूप एक बार फिर दिखा दें।

भगवान ने कहा—शंकरजी, तब तो दैत्यों को अमृतपान से रोकने के लिए और उन्हें काम-लोलुपता में फँसाने के लिए मुझे मोहिनी का रूप धारण करना पड़ा था। आप उसे देखना चाहते हैं तो अवश्य दिखाऊँगा। लेकिन ध्यान रहे, वह काम-भाव को उत्तेजित करनेवाला है। कहते-कहते भगवान अन्तर्धान हो गए।

शिव एवं सती इधर-उधर देखते हुए मौन बैठे रहे।

सामने एक बहुत सुन्दर उपवन दिखाई दे रहा था। सुगंधवाले, रंग-बिरंगे फूलों एवं लताओं और वृक्षों से भरपूर उस सघन उपवन की शोभा देखते ही बनती थी। इतने में वहाँ एक अत्यन्त सुन्दर, कमनीय युवती गेंद

उछालती, उसके पीछे-पीछे दौड़ती चली आ रही थी। उसकी चंचल चितवन, नूपुरों की झनकार, मोहक नख-शिख, मादकता से भरा यौवन बौरा देनेवाला था। शिव उस मोहिनी को देखकर व्यग्र हो गए। उस मदयौवना की ओर आकृष्ट हो गए। उन्हें विस्मृत हो गया कि सती तथा उनके गण भी देख रहे हैं। वे उठकर एकदम उस सुन्दरी के पीछे-पीछे चल पड़े।

उस मायावी सुन्दरी ने अपनी कमनीय देहयष्टि की भाव-भंगिमाओं से कुछ ऐसा प्रदर्शन किया कि भगवान शिव अति कामातुर हो गए। वे जैसे ही उस स्त्री के पीछे भागकर उसे पकड़ने का प्रयास करते, वह वृक्षों के आगे-पीछे से घूमकर बच निकलती। इस प्रकार वह शंकर को दूर तक दौड़ाती रही।

शिव पर कामदेव ने विजय प्राप्त कर ली। भाग-दौड़ में सुन्दरी के वस्त्र फिसल गए। शिव ने उसे पकड़ लिया और हृदय से लगाकर आलिंगन किया। वह छटककर हाथ से निकल गई।

शिव मोहिनी छल में फँसे उसके पीछे-पीछे दौड़ते रहे। कामुकता के कारण शिवजी का अमोघ वीर्य स्खलित हो गया। वीर्य पृथ्वी पर जहाँ-जहाँ गिरा, वहाँ सोने-चाँदी की खानें बन गईं। जैसे ही वीर्यपात हुआ, शिव को स्मृति हो आई। वे भगवान की प्रबल माया समझते थे, अतः उन्हें कोई आश्चर्य नहीं हुआ, न लज्जा ही आई।

भगवान ने शिव की भावना समझ ली। वे पुनः अपने स्वरूप में प्रकट हो गए, बोले—मेरी माया से विमोहित होकर भी हे शिव! आप मेरे प्रति गहन निष्ठा में स्थित हो गए। आपके अतिरिक्त ऐसा कोई पुरुष नहीं है जो मेरी माया के फंदे में फँसकर अपने-आप उससे निकल सके।

उषा-अनिरुद्ध की प्रेम-कथा

कृष्ण के पौत्र अनिरुद्ध और बाणासुर की पुत्री उषा के रोचक प्रेम-प्रसंग का यहाँ उल्लेख किया जा रहा है जिसने स्वयं शिव को कृष्ण के विरुद्ध बाणासुर की ओर से युद्ध करने को विवश कर दिया था।

बाणासुर इसे भी भगवान शंकर की कृपा मानकर प्रसन्नता से अपने घर चला आया। उसकी एक कन्या थी—उषा। उस सुन्दरी कन्या ने स्वप्न में अनिरुद्ध को देखा और स्वप्न में ही अनिरुद्ध के साथ समागम भी किया। यह तो आश्चर्य ही था कि स्वप्न के फल से वह विवाहित स्त्री की भाँति खिल उठी।

उषा के महल के चारों ओर बहुत कड़ा पहरा था। रात्रि में अनिरुद्ध उषा के स्वप्न में ही आते रहे। एक दिन वह उषा को छोड़कर कहीं छिप गए तो वह सुन्दरी वियोग की वेदना से आहत 'प्रियतम-प्रियतम' कहती जाग पड़ी।

उषा की प्राणप्यारी सखी चित्रलेखा वहीं थी। उसने उषा से कहा—यहाँ तो कोई नहीं है! तुम किसके विरह में इतनी व्यथित हो उठी हो?

उषा ने उसे स्वप्न की सारी बात बताई। वियोग के ताप से विकल होकर वह अपनी सखी से कहने लगी—चित्रलेखा, मेरे प्रियतम को तुम्हीं ला सकती हो!

उषा ने अनिरुद्ध का नखशिख वर्णन किया और सखी से अनुरोध किया कि उसे कहीं से भी ढूँढ़कर ला दो।

चित्रलेखा चित्र बनाने में अति निपुण थी। उसने उषा से उसके

प्रियतम का वर्णन सुन-सुनकर चित्र बनाना शुरू किया। उसने भगवान कृष्ण का चित्र बनाया तो उषा उत्साह से भर गई। प्रद्युम्न का चित्र देखकर वह कुछ संकुचित हो गई। चित्रलेखा ने जब अनिरुद्ध का चित्र बनाया तो वह लज्जित होकर कह उठी—सखी, यही मेरे प्रियतम हैं!

चित्रलेखा ने कहा—इनको लाना तो बड़ा ही कठिन कार्य है। ये तो यदुवंशशिरोमणि भगवान श्रीकृष्ण के पौत्र एवं कामदेव के अंश प्रद्युम्न के पुत्र हैं। भगवान कृष्ण की जानकारी के बिना कोई भी द्वारिकापुरी में प्रवेश नहीं कर सकता। तो भी हे सखी, तुम्हारा प्रिय करने के लिए मैं कुछ भी कर सकती हूँ।

यह कहकर चित्रलेखा वहाँ से रवाना हो गई। उसने एक साधु का वेश धारण करके द्वारिकापुरी में प्रवेश किया। साधु, ब्राह्मण एवं गौ—इन तीनों का प्रवेश सुदर्शन चक्र भी नहीं रोक सकता था। चित्रलेखा ने योगबल से अनिरुद्ध जिस पलंग पर सोए थे, उसे ही उठा लिया और शोणितपुर में लाकर उषा के महल में रख दिया।

उषा अत्यन्त प्रसन्न होकर अपने प्रियतम के साथ विहार करने लगी। वे दोनों परस्पर प्रेम में इतने आत्मलीन हो गए और यह भी भूल गए कि अनिरुद्ध कितने दिनों से उषा के अन्तःपुर में छिपे-छिपे रह रहे हैं।

अनिरुद्ध के सहवास से उषा का कुँआरापन समाप्त हो गया था। पुरुष पहरेदारों की तेज नजरों ने आभास पा लिया कि उषा अब कुमारी कन्या नहीं रही। उन्होंने बाणासुर के पास जाकर अपना संदेह प्रकट किया।

बाणासुर दौड़ा हुआ उषा के महल में पहुँचा। उसने देखा कि अनिरुद्ध एवं उषा बेखटके चौसर खेल रहे हैं, साथ ही प्रणयलीला कर रहे हैं। बाणासुर क्षणभर के लिए स्तंभित खड़ा रह गया।

अनिरुद्ध ने देखा कि बाणासुर के साथ अस्त्र-शस्त्र से सुसज्जित सैनिक भी हैं तो उसने अपने बचाव के लिए एक लौहपरिध उठा लिया। जो भी सैनिक पकड़ने के लिए आगे आता, अनिरुद्ध उसे मार गिराते।

बाणासुर ने देखा कि यह अकेला सुकुमार मेरे वीर सैनिकों को मार

रहा है तो उसने नागपाश फेंककर अनिरुद्ध को बाँध लिया। उषा रुदन करने लगी।

उधर द्वारिकापुरी में अनिरुद्ध की खोज चल रही थी। वर्षा ऋतु के चार मास बीत गए। एक दिन नारद वहाँ आए और अनिरुद्ध के हरण एवं उषा-मिलन तथा बाणासुर द्वारा बंदी बनाए जाने का समाचार कृष्ण, बलराम और प्रद्युम्न को दिया।

उसी दिन यादव वीरों ने सेना के साथ शोणितपुर पर आक्रमण कर दिया। परकोटों एवं बाणासुर की सेना का नाश करते हुए कृष्ण-बलराम आगे बढ़ रहे थे।

बाणासुर को पता चला कि शत्रु सेना उसके सैनिकों का संहार कर रही है तो वह भी अपनी सेना लेकर युद्ध में कूद पड़ा। बाणासुर की सहायता के लिए स्वयं भगवान शंकर अपने गणों के साथ आ गए।

अभूतपूर्व युद्ध हो रहा था। भगवान कृष्ण से स्वयं शिव, प्रद्युम्न से शिवपुत्र स्वामी कार्तिकेय, बलराम के साथ कुंभांड एवं कूपकर्ण राक्षस भिड़ रहे थे। भगवान कृष्ण ने अपने तीक्ष्ण बाणों से शंकर के गणों, भूतप्रेतों तथा वेतालों को खदेड़ दिया। शंकर ने जो-जो अस्त्र प्रयोग किए, उन्हीं के समकक्ष अस्त्रों से श्रीकृष्ण ने उन्हें नष्ट कर दिया। शिव के 'पाशुपतास्त्र' को कृष्ण ने 'नारायणास्त्र' से शांत कर दिया। अब कृष्ण ने शिव पर 'जंभास्त्र' का प्रयोग किया। शिव को लगातार जंभाई आने लगी। कृष्ण भगवान शंकर से छुट्टी पाकर बाणासुर की ओर बढ़े। बाणासुर के सैनिक घायल हो रहे थे और युद्धस्थल छोड़कर भाग रहे थे। सारी सेना नष्ट हो गई। अन्त में बाणासुर अपने सहस्र हाथों में पाँच सौ धनुष लेकर एक साथ बाणवर्षा करने लगा। उसके सभी धनुषों-बाणों, सारथि सहित रथ और घोड़ों को कृष्ण ने देखते-ही-देखते नष्ट कर दिया। बाणासुर व्याकुल हो उठा। तब उसकी माता कोटरा राक्षसी नंग-धड़ंग, बाल बिखराए कृष्ण के सामने आकर खड़ी हो गई। कृष्ण ने इस वेश में स्त्री को देखते ही मुख फेर लिया। इतना-सा अवसर पाकर बाणासुर पुनः शस्त्र एवं सेना लेकर आ गया। भगवान शिव ने भी अपना 'शीतज्वर' कृष्ण पर छोड़ा। भगवान कृष्ण ने अपने 'विषमज्वर' से उसे नष्ट कर

दिया। अन्त में कृष्ण ने अपने चक्र से बाणासुर की भुजाओं को काट दिया। केवल चार भुजाएँ रहने दीं।

भगवान शंकर ने बाणासुर से कहा—अरे मूर्ख, ये तो साक्षात परब्रह्म श्रीहरि हैं! मैं भी इन्हीं की पूजा-आराधना करता हूँ। इनकी शरण में जा और अपने अपराध के लिए क्षमा माँग—यह कहकर शिव ने बाणासुर को कृष्ण भगवान के चरणों में डाल दिया और आग्रहपूर्वक कहा—भगवन, यह मेरा परमप्रिय भक्त है। लेकिन इसको बल का दंभ हो गया था। तब मैंने ही इसे शाप दिया था, जिसे आपने पूरा किया। अब यह आपकी शरण में आ गया है।

भगवान कृष्ण ने मुस्कुराते हुए कहा—मैंने तो आपकी बात मानकर ही आपके द्वारा मेरे ऊपर चलाए गए शस्त्रास्त्रों का शमन किया है। मैंने प्रह्लाद को वचन दिया था कि तुम्हारे वंशज को मैं कभी नहीं मारूँगा। मैंने बाणासुर का अहंकार मिटाने के लिए केवल इसकी भुजाओं को काट दिया है। ये चार भुजाएँ बनी रहेंगी। और बाणासुर आपका प्रिय पार्षद बना रहेगा।

बाणासुर ने भगवान कृष्ण के चरणों में प्रणाम करके प्रार्थना की—मेरी पुत्री उषा को आप अपनी पौत्रवधू बना लें।

उत्सव के साथ अनिरुद्ध का विवाह उषा से हो गया।

द्रोणाचार्य का जन्म

बहुत कम लोगों को ज्ञात होगा कि कौरवों और पांडवों के आचार्य द्रोण के जन्म के पीछे भी सप्तर्षियों में से एक ऋषि वैवस्वत मन्वंतर का काम-प्रसंग था, जिसका संक्षिप्त उल्लेख यहाँ किया जा रहा है।

भारद्वाज आंगिरथ गोत्रोत्पन्न वैदिक ऋषि वैवस्वत मन्वंतर के सप्तर्षियों में एक ऋषि थे (भाग. 8.13.5)। महाभारत के अनुसार एक बार वह गंगा-स्नान कर रहे थे और ताची अप्सरा को देख इनका वीर्यपात हो गया, जिसे इन्होंने द्रोण में रख दिया और इसी से द्रोण आचार्य का जन्म हुआ।

विष्णु ने किया सतीत्व भंग

गीता प्रेस, गोरखपुर द्वारा प्रकाशित श्रीशिव महापुराण अंक के चालीसवें अध्याय में शिव और दैत्य शंखचूड़ के बीच एक युद्ध का वर्णन आता है जिसके अनुसार शिव और दैत्य शंखचूड़ आपस में युद्ध करते हैं।

युद्ध में दोनों एक-दूसरे पर भारी पड़ रहे थे। हार-जीत का निर्णय नहीं हो पा रहा था। तभी आकाशवाणी होती है कि जब तक शंखचूड़ के हाथ में विष्णु का परम उग्र कवच है और जब तक उसकी पतिव्रता स्त्री का सतीत्व है, तब तक हे शंकर! इस शंखचूड़ की जरा एवं मृत्यु नहीं हो सकती।

शंकर के आदेश से विष्णु वृद्ध ब्राह्मण का भेष धारण कर छल-कपट से कवच वापस ले लेते हैं।

इसके पश्चात् विष्णु शंखचूड़ का रूप धारण कर उसकी स्त्री तुलसी के पास जाते हैं, उसके साथ रमण करते हैं यानी उसके साथ सम्भोग करते हैं। जाहिर है, इस प्रकार उसका सतीत्व नष्ट करते हैं।

परिणामस्वरूप अपने दोनों रक्षाकवच गँवा कर शंखचूड़ युद्ध में परास्त हो जाता है और मृत्यु को प्राप्त होता है।

तुलसी को जब यह पता चलता है कि उसके साथ दुष्कर्म करनेवाला उसका पति नहीं, विष्णु है, तो वह उसे पत्थर हो जाने का श्राप दे देती है।

श्राप से मुक्त होने के लिए शंकर का ध्यान करते हैं तो शंकर प्रकट होकर विष्णु को शोकाकुल और शंखचूड़ की पत्नी को विलाप करते हुए देख कहते हैं—हे तुलसी! मत रोओ, व्यक्ति को अपने कर्म का फल भुगतना ही पड़ता है।... अब तुम इस शरीर को त्याग कर दिव्य शरीर

धारण कर महालक्ष्मी का स्वरूप हो जाओ और विष्णु के साथ नित्य रमण करो।

तब से तुलसी एक पवित्र पौधे का रूप धारण करती है और उसके पास शालिग्राम शिला के रूप में विष्णु उपस्थित रहते हैं तथा आज भी लोग दोनों की श्रद्धापूर्वक पूजा करते हैं।

पति-पत्नी और संभोग

वैदिक काल से पौराणिक युग तक सेक्स को लेकर स्वच्छंदता और कभी-कभी उच्छृंखलता रही जिसकी पराकाष्ठा ऋषि वात्स्यायन के 'कामसूत्रम्' और कई पुराणों में देखने को मिलती है। सम्भवतः इसीलिए मनु ने काम-क्रिया को पारिवारिक परिधि में पति-पत्नी तक सीमित करने की चेष्टा की।

मसलन, उन्होंने कहा—बेटी अगर रजस्वला हो जाए तो पिता-पुत्री को भी एक कमरे में नहीं सोना चाहिए।

उन्होंने रजस्वला स्त्री की हर किसी से काम-याचना को पाप बताया जबकि वेदों में इसकी अनुमति देखने को मिलती है (देखें : ऋग्वेद, चतुर्थ भाग, संदर्भ : यम-यमी संवाद)।

अथर्ववेद में पति-पत्नी के संभोग को लेकर रतिक्रिया का जो विशद वर्णन है, आज इक्कीसवीं सदी में उस तरह की चर्चा निषिद्ध है। डॉ. अशोक गुप्ता द्वारा लिखित 'पति-पत्नी कामकला' पुस्तक से यहाँ साभार कुछ उद्धरण दिये जा रहे हैं :

विद्वान देवतुल्य लोग भी अपनी पत्नियों को प्राप्त हुए और उन्होंने उनके शरीर का अपने से भली भाँति संघर्षण किया है। अतएव महान ऐश्वर्यशालिनी प्रजावती स्त्री, तू भी अपने पति से मिलकर संभोग कर। (अथर्ववेद 14-2-32)

हे ईश्वर! जिस स्त्री में आज मुझे बीजारोपण करना है, उसे प्रेरित कर कि वह मेरी कामना करती हुई अपनी जंघाओं को फैलाए और मैं

संभोग करूँ। (अथर्ववेद 14-2-38)

हे वधू! मैं तेरे पति के द्वारा जंघाओं के बीच के योनि-मार्ग को सुगम बनाता हूँ और तुझे वरुण के उस बन्धन से छुड़ाता हूँ जिसको सविता ने बाँधा है। (अथर्ववेद 14-1-58)

हे पुरुष! तू प्रसन्नचित्त होकर स्त्री की जांघों के ऊपर सवार होकर हाथ का सहारा देकर उसे अपने शरीर से चिपका ले और हर्ष मनाते हुए संतानोत्पत्ति कर जिससे सविता देव तुम्हारा आयुवर्धन करें। (अथर्ववेद 14-2-36)

इस तर्ज पर मनु ने कहा—जो पुरुष स्त्री को प्रसन्न नहीं करता, उस स्त्री के अप्रसन्न रहने से सम्पूर्ण कुल अप्रसन्न, शोकातुर रहता है, और जब पुरुष से स्त्री प्रसन्न रहती है, तब पूरा कुल आनंदित रहता है। (मनुस्मृति, अध्याय तृतीय, श्लोक-62)

मनु ने स्वच्छंद रतिक्रिया की तुलना नशीले द्रव्यों के सेवन, मांस-भक्षण, जुए आदि से की और इसे अमर्यादित आचरण की संज्ञा दी। (मनुस्मृति-अध्याय-7, श्लोक-47)

ऐसा अनुमान लगाया जाता है कि मनु के दौर के पहले काम और रतिक्रिया को लेकर समाज में नियम-कानून बहुत ढीले-ढाले थे। इस विषय को लेकर न केवल बहुत खुलकर लिखा जा रहा था बल्कि सेक्स गम्भीर अपराध की श्रेणी में नहीं था, जैसाकि कई धार्मिक ग्रंथों में जिक्र आया है कि रजस्वला स्त्री यदि काम की याचना करे तो उसे स्वीकार करना धर्म-सम्मत माना जाता था।

देवी-देवताओं के देश भारत में लज्जा गौरी नाम की देवी का उल्लेख प्राचीन धार्मिक ग्रंथों में कहीं नहीं मिलता। पहली से सातवीं शताब्दी के बीच मध्य और दक्षिण भारत के विभिन्न स्थानों में योनि-केन्द्रित इसकी प्रस्तर प्रतिमाएँ देखने को मिलती हैं तथा कई संग्रहालयों में भी इसे प्रदर्शित किया गया है। यह पूरी तरह नग्न प्रतिमा अलग-अलग क्षेत्रों में अलग-अलग नामों से पाई गई हैं, मसलन, अदिति, लज्जा गौरी,

रेणुका, नग्न कबंध आदि।

इतिहासकारों और पुरातत्त्व-विशेषज्ञों के अनुसार इसके विभिन्न नाम स्थानीय लोगों ने रखे, जिनका शास्त्रों से कोई सम्बन्ध नहीं। हाँ, इतना जरूर है कि जहाँ-जहाँ भी लज्जा गौरी की प्रतिमाएँ हैं, उनमें योनि और वक्षस्थल को अधिक उभार कर बनाया गया है। क्यों ?—अभी तक इतिहासकारों के पास इसका कोई सटीक उत्तर नहीं है। हाँ, इतना जरूर है कि भारतीय संस्कृति का यह भी एक अभिन्न अंग है जो सेक्स को 'फोकस' करता है।

कैरोल रैडक्लिफ बोलोन, अमेरिका की प्रख्यात लेखिका ने लज्जा गौरी को लेकर वर्षों शोधकार्य किया और विभिन्न प्रदेशों की यात्रा कर इसका ऐतिहासिक परिप्रेक्ष्य जानने की कोशिश की। अपने शोध के परिणामस्वरूप उन्होंने 'फॉर्म्स ऑफ द गॉडेस लज्जा गौरी इन इंडियन आर्ट' शीर्षक के अन्तर्गत अपनी पुस्तक में उसका विस्तृत वर्णन प्रस्तुत किया।

लेखिका ने अपने शोध के माध्यम से यह पाया कि विभिन्न स्थानों पर इस देवी के विभिन्न नाम इस प्रकार हैं—अनंती देवी, नग्नमाता, कुमकण, कोलम्बिका, अदिति, रेणुका, इलम्बा, येल्लमा, कोटवी, पृथ्वी, बेलन कल्लचेमा, नग्न कबंध, बेरूल, कमलामुखी, कमलगंगामाँ, कमलगौरीमाँ, कामकला, महाकुंडलिनी, चक्रयी, आद्यशक्ति जोगुलंबा, मतंगी, मरई, महुरमा, एकवीरा, यमाबाई, यमई, व्याध्रेश्वरी, संग, शाकंभरी।

उल्लेखनीय तथ्य यह है कि लोग बड़ी श्रद्धा से लज्जा गौरी के मन्दिर में जाकर पूजा-अर्चना करते हैं और मन्नतें मानते हैं।

मनु का आगमन और 'मनुस्मृति' का लेखन ईसा पूर्व दूसरी शताब्दी के आसपास होता है, ऐसी ऐतिहासिक मान्यता है। मनु ने समाज में काम-सम्बन्धी जो स्वच्छंद आचार-व्यवहार था, उसको नियंत्रित करने के लिए एक आचार-संहिता बनाई और उसे 'मनुस्मृति' में शामिल किया।

उन्होंने यहाँ तक व्यवस्था दी कि रजस्वला होने के उपरांत स्त्री के पास यहाँ तक कि पिता को भी नहीं सोना चाहिए।

गुरु-पत्नी, गुरु-पुत्री आदि को पुरुष दूर से प्रणाम करे, उनके चरण-स्पर्श न करे, यह विधान भी दिया।

दरअसल मनु ने कामेच्छा के पूर्णतः दमन की कड़ी से कड़ी व्यवस्था दी। इसका एक नतीजा यह हुआ कि चोरी–छिपे काम–प्रवृत्ति बरकरार रही जो कि स्वाभाविक भी है, साथ ही इसमें विभिन्न प्रकार की व्रिकृतियाँ आती गईं और स्वच्छंद काम को धर्म–विरोधी बताते हुए इसके लिए दंड का प्रावधान रखा गया।

महाकवि कालिदास ने 'कुमारसम्भव' में शिव और पार्वती की रतिक्रिया का वर्णन इस प्रकार चटखारे लेकर किया है कि पढ़नेवाले के मन में भी कामेच्छा जाग्रत हो जाए।

कश्मीर के कोका पंडित ने 'कोकशास्त्र' लिखा जिसका हिंदी अनुवाद हाल के वर्षों तक उत्तर भारत की लगभग हर फुटपाथी दुकान में उपलब्ध था और लोग चोरी–छिपे उसे बड़े चाव से पढ़ते रहे। अब तो मोबाइल और इंटरनेट ने सारी सीमाएँ लाँघ दी हैं, जिसके बुरे नतीजे हमारे सामने हैं।

दमित सेक्स, सेक्स–सम्बन्धी अपराधों को जन्म देता है। भारतीय समाज इसका बुरी तरह से शिकार है। इसके लिए किसी शोध या गहन अध्ययन की आवश्यकता नहीं, यह जग–जाहिर है।

मनु का तत्कालीन समाज पर और कुछ हद तक वर्तमान पर भी अच्छा–खासा प्रभाव रहा, पर इसके समकालीन स्वच्छंद सेक्स की धारा भी निरंतर बहती रही। खजुराहो, कोणार्क और ओडिशा से लेकर दक्षिण भारत के सैकड़ों मन्दिरों की प्राचीरों पर रतिक्रिया की विभिन्न मुद्राओं की मूर्तियाँ मनु–काल के बाद की हैं। विद्वज्जन चाहे जो भी व्याख्या दें किन्तु मेरी विनम्र राय में इससे मनुष्य के मन में सेक्स के प्रति एक आकर्षण तो पैदा होता ही है, जिसका आध्यात्मिकता से कोई लेना–देना नहीं।

आजकल योग को लेकर देश–विदेश में काफी चर्चा हो रही है। हजारों की संख्या में योग–गुरु जहाँ–तहाँ पैदा हो गए हैं और सम्मान पा रहे हैं। अच्छी–खासी संख्या में इनका विदेशों में निर्यात भी किया जा रहा है। क्या विडम्बना है कि योग–गुरु योग के माध्यम से ईश्वर में लीन होने का दावा करते हैं पर किसी योग–गुरु में यह साहस नहीं कि कह सके कि काम–कला से योग का गहरा सम्पर्क रहा है। इसमें अपवाद ओशो

हैं जिन्होंने इस विषय पर देश-विदेश में खुलकर अपने विचार रखे।

श्मशान में तांत्रिकों द्वारा जो प्रयोग किए जोते हैं, लगभग सारे के सारे योनि-केन्द्रित होते हैं। सेक्स से सम्बन्धित यह तांत्रिक विधि योग के प्रारंभिक काल से समानांतर चलती रही है, हाँ, आज इसका दायरा बहुत ही सीमित हो गया है।

आधुनिक काल में हिन्दू धर्म के शुद्धीकरण की प्रक्रिया में सेक्स सम्बन्धित किसी भी प्रकार की जानकारी और शिक्षा-दीक्षा का कोई प्रावधान नहीं है किन्तु जमीनी हक़ीक़त यह है कि सारे देश में 'सेक्स विशेषज्ञों' की भरमार है। और सेक्स-सम्बन्धित पुस्तेकें खुले और छिपे रूप में लाखों की संख्या में बेची जा रही हैं जबकि परिवार में सेक्स पर खुलकर चर्चा न केवल अकल्पनीय है बल्कि इससे नर्क का मार्ग प्रशस्त होता है, ऐसा कहा जाता है।

देश के विभिन्न अंचलों में लाखों की संख्या में सेक्स-शिक्षा के नाम पर पोर्नोग्राफी की हद तक जो पुस्तकें उपलब्ध हैं, वे सेक्स-शिक्षा तो क्या, विकृतियाँ पैदा करती हैं, जिसकी शिकार लाखों की संख्या में युवा पीढ़ी होती है, विशेषकर पुरुष वर्ग। स्त्री-पुरुष, विशेषकर पति-पत्नी सम्बन्धों में सारे समाज में यह समस्या विकराल रूप धारण किए हुए है। दुःख की बात यह है कि न तो सरकार का, न सोशल मीडिया का और न ही एन.जी.ओ. का कोई विशेष ध्यान है, न ही इसको लेकर समाज में कोई चिंता व्याप्त है। अभी भी यदि इस पर ध्यान नहीं दिया गया तो इसका विपरीत प्रभाव हर दिशा, हर क्षेत्र में होगा तथा उत्पादकता व अर्थव्यवस्था भी प्रभावित होगी। सम्बन्धों में जो टूटन आएगी, सो अलग।

कालिदास के महाकाव्यों में सेक्स

श्रीरामप्रताप त्रिपाठी शास्त्री द्वारा अनूदित एवं संपादित 'कालिदास के काव्य' नामक पुस्तक से कुछ उद्धरण, विशेषकर 'कुमारसंभव महाकाव्यम्' से देने का लोभ सँवरण नहीं कर पा रहा हूँ क्योंकि रतिक्रिया और कामेच्छा का कालिदास ने बहुत ही खुलकर और बिना किसी लाग-लपेट के वर्णन किया है। 'कुमारसंभव महाकाव्यम' तो केंद्रित ही है शिव-पार्वती की रतिक्रियाओं पर। इसके अलावा उन्होंने 'रघुवंश महाकाव्यम्' तथा 'ऋतुसंहारम्' में भी काम-क्रियाओं का अच्छा-खासा वर्णन किया है। कालिदास के ये तीनों काव्य-संग्रह न केवल उनके काल में बल्कि आधुनिक काल में भी सर्वाधिक लोकप्रिय रहे हैं।

कुमार सम्भव महाकाव्यम् (प्रथम सर्ग)

तदनन्तर बाल्यकाल बीत जाने पर पार्वती ने उस नवयौवन को प्राप्त किया, जो उसकी शरीरयष्टि के लिए अनायास प्राप्त आभूषण था, आसव न होने पर भी (मदिरा के समान) मादक था एवं पुष्पों से न बना होने पर भी कामदेव का वाण था॥ 31॥

उस नवयौवन के कारण सुन्दर स्तन, जघनादि अवयवों से सुशोभित पार्वती का शरीर तूलिका से रंग भरे हुए चित्र के समान तथा सूर्य की किरणों से विकसित कमल के समान निखर उठा॥ 32॥

जब वह भूमि पर चरण रखती थी तो अपने सुकुमार चरणों से ऊपर

उठे हुए एवं स्वाभाविक रूप से लाल रंग के अँगूठे के नख की किरणों के चारों ओर पहले के लगाए रंग को छिड़कती-सी चलती थी, और इस प्रकार उसका चरण स्थल से खिले हुए कमल की गमनशील शोभा को धारण करता था ॥ 33 ॥

स्तनभार के कारण अवनत पार्वती की गति ऐसी मनोहर मालूम पड़ती थी मानो उसके चरणों के नूपुरों का मधुर शब्द सीखने के इच्छुक राजहंसों ने बदले में पहले ही उसे अपनी विलासयुक्त गति सिखला दी हो ॥ 34 ॥

गोपुच्छ के समान चढ़ाव-उतार वाली, न बहुत बड़ी और न बहुत छोटी पार्वती की सुन्दर जंघाओं का निर्माण करते समय विधाता ने सम्पूर्ण सौंदर्य की सामग्री को समाप्त कर दिया, जिससे शरीर के अन्य अंगों के निर्माण करने के लिए फिर से सामग्री जुटाने में उन्हें बहुत प्रयास करना पड़ा ॥ 35 ॥

पार्वती की उन सुन्दर जाँघों की तुलना, लोक में विशालता को प्राप्त करके भी, गजराजों के शुंडादंड स्पर्श में खुरदरे होने के कारण तथा कदलीस्तम्भ अत्यन्त शीतल होने के कारण, प्राप्त नहीं कर सके ॥ 36 ॥

उस अनुपम सुन्दरी पार्वती के करधनी के स्थान अर्थात् नितम्बों की शोभा का अनुमान इसी बात से लगाया जा सकता है कि बाद में विवाह हो जाने के अनन्तर शंकर जी ने, अन्य सुन्दरियों के लिए कामना से भी दुर्लभ अपनी गोद में उसे स्थान दिया ॥ 37 ॥

पार्वती के नीवी के ऊपर गहरी नाभि तक पहुँची हुई, नवयौवन के कारण उगे हुए नये रोमों की जो पतली रेखा बन गई थी, वह ऐसी दीख पड़ती थी मानो नीवी के ऊपर बँधी हुई उसकी करधनी के बीच की नीलमणि चमक रही हो ॥38 ॥

कटि भाग में कृश उस पार्वती के उदर भाग पर जो त्रिबली (तीन

सिकुड़न की रेखाएँ) विराज रखी थीं, उन्हें देखकर ऐसा मालूम पड़ता था मानो कामदेव को ऊपर (स्तन आदि अंगों तक) चढ़ा ले जाने के लिए उसके नवयौवन से सीढ़ियाँ बना दी हों॥ 39॥

उस कमलनयनी पार्वती के परस्पर में सटे हुए साँवले अग्रभाग वाले गौरवर्ण के मनोहर दोनों स्तन इस तरह बढ़े हुए थे कि उनके बीच में एक कमलनाल रखने भर का भी स्थान शेष नहीं था॥ 40॥

उनकी कोमल भुजाएँ शिरीष पुष्प से भी अधिक सुकुमार थीं—ऐसा मेरा (कवि का) अनुमान है, क्योंकि इसीलिए पराजित होने पर भी कामदेव ने पार्वती की इन्हीं दोनों सुकुमार भुजाओं से महादेव जी के गले का कण्ठपाश बना दिया था॥ 41॥

पार्वती जी का स्थूल स्तनों (की समीपता) से उन्नत कंठ और उसमें से उनके ऊँचे स्तनों पर लटका हुआ गोली मोतियों का हार—ये दोनों एक दूसरे की शोभा बढ़ा रहे थे; अर्थात् पार्वती जी के कंठ की शोभा उनका वह हार बढ़ा रहा था और उनके हार की शोभा उनका कंठ बढ़ा रहा था॥ 42॥

चंचला लक्ष्मी (रात्रि में पूर्ण) चन्द्रमा को प्राप्त कर कमल के सुगन्धि आदि गुणों को नहीं पाती और (दिन में) कमल को प्राप्त कर चन्द्रमा के आह्लादकारी गुणों को नहीं पाती, किन्तु पार्वती के मुख में आने पर उसे चन्द्रमा और कमल—दोनों का सुख एक साथ प्राप्त हुआ॥ 43॥

यदि नव-पल्लवों में श्वेत सुमन रख दिया जाए अथवा लालवर्ण के मूँगे पर उज्ज्वल मोती रख दिया जाए तो दोनों में से एक पार्वती के अरुण अधरों पर कांति बरसाने वाले उसके धवल मन्द स्मित (हास्य) की तुलना कर सकते हैं॥ 44॥

मधुरभाषिणी पार्वती के अमृत बरसाने वाले मधुर स्वर के सामने अपने मधुरालाप के लिए सुप्रसिद्ध कोयल का मधुर स्वर भी, अनजान

व्यक्ति से बजाई जाने वाली वीणा के समान, सुनने वालों के कानों को कठोर मालूम पड़ता था॥ 45॥

वायु से विकम्पित नील कमलों के समान बड़े-बड़े सुन्दर नेत्रों वाली पार्वती के चंचल-चकित अवलोकन को देखकर यह संदेह होता था कि उसने इसे हरिणियों से सीखा था अथवा हरिणियों ने पार्वती से सीखा था॥ 46॥

अंजन लगाने की शलाका से खींची हुई रेखाओं की भाँति लंबी एवं विलास सुभग पार्वती के दोनों भौंहों की जो शोभा थी, उसे देखकर कामदेव ने अपने धनुष की सुन्दरता का घमंड त्याग दिया॥ 47॥

कुमार सम्भव महाकाव्यम् (अष्टमः सर्ग)

...प्राणिग्रहण संस्कार के अनन्तर पर्वतराज हिमालय की पुत्री पार्वती का शरीर महादेव जी के प्रति उनके सहज प्रेम-भाव तथा साथ ही उत्पन्न होनेवाले संकोच के कारण अतीव मनोहर हो उठा॥ 1॥

वह बहुत बुलाने पर कोई उत्तर नहीं देती थीं, आँचल पकड़कर खींचने पर वहाँ से हट जाने का प्रयत्न करती थी और एक साथ शैया पर सोते समय भी दूसरी ओर मुख किए रहती थी। किन्तु फिर भी महादेव जी को इससे भी आनन्द मिलता था॥ 2॥

पार्वती ने सोने का बहाना बनाकर आँख मूँदकर सोए हुए शिवजी के मुख पर अत्यन्त कुतूहल से जब अपना मुख डाला तो उनके प्रियतम शंकर ने मुस्कराकर अपनी आँखें खोल दीं जिससे उन्होंने अपनी आँखों को इस तरह तुरन्त मूँद लिया जैसे वे बिजली की चमक से मुँद गई हों॥ 3॥

जब शंकर जी नीवी-बंधन खोलने के लिए अपना हाथ पार्वती की नाभि की ओर बढ़ाते तो अपने काँपते हुए हाथों से पार्वती जी उसे पकड़

लेतीं, किन्तु फिर भी न जाने कैसे इनकी नीवी का बंधन ढीला पड़कर अपने आप खुल जाता॥ 4॥

हे सखी! तुम एकान्त में जैसा-जैसा हम बता रही हैं, वैसा ही व्यवहार एकान्त में महादेव जी के साथ करना, उनसे डरने की जरूरत नहीं है—इस प्रकार से कहकर अपनी सखियों द्वारा बताए जाने पर भी पार्वती उन सब उपायों में से एक का भी स्मरण न कर पातीं; (क्योंकि) अपने प्रियतम शंकरजी को सामने देखकर वह घबड़ा जाती थीं॥ 5॥

जब कभी केवल बातचीत करने के लिए महादेव जी यों ही बिना प्रसंग की कोई बात करने लगते तब पार्वती उनकी बातों का कुछ भी उत्तर बोलकर नहीं देतीं। केवल प्रियतम की ओर देखकर सिर घुमाकर 'हाँ' या 'ना' में उत्तर देती थीं॥ 6॥

एकान्त में जब कभी शंकर जी इन्हें वस्त्र खींचकर नग्न कर देते तो यह अपनी दोनों हथेलियों से उनके नेत्रों को मूँद लेतीं। किन्तु जब महादेव जी अपने ललाट पर स्थित तीसरा नेत्र खोलकर देखने लगते तो पार्वती का सारा प्रयत्न व्यर्थ हो जाता॥ 7॥

चुम्बन में अधर को न देखकर तथा आलिंगन में हाथों को बाधक बनाकर पार्वती यद्यपि कामदेव को पूर्ण संतोष न देने के कारण खिन्न कर देती थीं तथापि उनकी वह सूरत भी प्रियतम महादेव के लिए प्रीतिकारक ही होती थी॥ 8॥

धीरे-धीरे पार्वती शिवजी के उस चुम्बन को सहन करने लगीं जिसमें वह इनके अधर को जोर से काट नहीं लेते थे, नखों से चिकोट कर घाव नहीं बना देते थे तथा बहुत धीरे-धीरे संभोग करते थे। किन्तु इसके अतिरिक्त कठोर क्रियाओं को वे सहन नहीं करती थीं॥ 9॥

सखियाँ जब प्रभात के समय उनसे रात्रि का समाचार पूछतीं तो वह लज्जा के मारे उनका कुतूहल शान्त नहीं कर पाती थीं, यद्यपि उनका मन

सब कुछ कह देने के लिए उतावली करने लगता था॥ 10॥

कभी-कभी वह दर्पण में सम्भोग के चिन्हों को जब देखने लगतीं तो उनकी पीठ के पीछे खड़े होकर प्रणयी महादेव जी उसे देख लेते। फिर तो दर्पण में अपने और उनके प्रतिबिम्ब को देखकर यह लज्जा के मारे क्या-क्या नहीं करने लगतीं॥ 11॥

नीलकंठ शिवजी द्वारा अपनी कन्या के यौवन का उपभोग होता देखकर पार्वती की माता मैना को बड़ा संतोष होता। क्योंकि जब कन्या की माता को यह ज्ञात हो जाता है कि मेरी कन्या का पति उसे प्यार करता है तो उसका मन निश्चिन्त हो जाता है॥ 12॥

कुछ दिनों तक तो शंकर जी पार्वती जी के साथ ज्यों-ज्यों करके सम्भोग करते रहे, किन्तु जब पार्वती को भी काम के रस का स्वाद मिल गया तो धीरे-धीरे उन्होंने भी अपनी झिझक छोड़ दी॥ 13॥

जब शंकरजी इन्हें कसकर अपनी छाती से लगाते तो यह भी उनका आलिंगन करतीं। चुम्बन के लिए जब वह मुख बढ़ाते तो यह अपना मुख न हटातीं और जब शंकर जी इनकी करधनी पर अपना चंचल हाथ लगाते तो यह धीरे-से उसका विरोध करतीं॥ 14॥

कुछ ही दिनों में शंकर और पार्वती का प्रेम एक दूसरे के प्रति इतना प्रगाढ़ हो गया कि दोनों को एक दूसरे को देखे बिना क्षण-भर के लिए भी कल नहीं पड़ती और दोनों की चाल-ढाल और चेष्टाओं से ही यह पता लगने लगा कि अब वे आपस में कितने घुल-मिल गए हैं॥ 15॥

पार्वती अपने अनुरूप पति महादेव जी से जैसा प्रेम करती थीं, महादेव जी भी उनसे वैसा ही प्रेम करते थे। जाह्नवी गंगा समुद्र से मिलकर तथा प्रेम करके वापस नहीं लौटतीं और सागर भी गंगा के मुख से निकले हुए जल का ही आनन्द लेता है॥ 16॥

पार्वती जी ने एकान्त में शंकर जी से संभोग-कला की जो शिक्षा

ग्रहण की, उसीं के अनुसार उन्होंने महादेव जी के साथ नई नवेली के हाव-भाव से भरा संभोग भी किया। यही मानो कला सीखने की इन्होंने शंकर जी को गुरुदक्षिणा दी ॥ 17 ॥

पार्वती जी का ओठ जब शंकर जी काट लेते थे तो वह वेदना से अपना पाणि-पल्लव झटकने लगती थीं, किन्तु पुनः तत्काल शंकर जी के मस्तक पर विराजमान चन्द्रमा पर ज्योंही ओठ रखतीं त्योंही उन्हें ऐसी ठंडक मिलती कि उनकी सारी पीड़ा दूर हो जाती ॥ 18 ॥

कभी विहार करते समय पार्वती के केशपाश में लगे पुष्पों का पराग जब महादेव जी के मस्तक में विद्यमान तीसरे नेत्र में पड़ जाता तो वह विकल हो उठता। उस समय शंकर जी अपने उस नेत्र को पार्वती के खिले हुए कमल की सुगन्धि वाले मुख के सामने फूँक मारने के लिए कर देते थे ॥ 19 ॥

इस प्रकार इन्द्रियों को सुख देने वाले उपायों को स्वीकार कर महादेव जी ने कामदेव पर बड़ा अनुग्रह किया और पर्वतराज हिमालय के भवन में पार्वती के साथ एक महीने तक निवास किया ॥ 20 ॥

तदनन्तर आत्मभू शंकर जी ने पार्वती के भावी विरह से खिन्न हिमालय से प्रस्थान की आज्ञा प्राप्त कर ली और अपने अतुलित अथवा अप्रतिहत गतिवाले वृषभ पर चढ़कर वह यत्र-तत्र घूमते हुए विहार करने लगे ॥ 21 ॥

वायु के समान वेगवाले नन्दी पर सवार होकर और पार्वती को अपने आगे बैठाकर उनके स्तनों को पकड़े हुए वह सुमेरु पर्वत पर जा पहुँचे और वहाँ सुनहले पत्तों से बनी हुई शैया पर उन्होंने एक रात उनसे संभोग किया ॥ 22 ॥

पार्वती के मुख-कमल का रसपान करनेवाले महादेव जी ने सुमेरु पर्वत से चलकर मन्दराचल की उस उपत्यका में निवास किया, जहाँ की

चट्टानों पर विष्णु के चरणों की छाप तथा (समुद्र-मंथन के अवसर पर) अमृत की नूतन बूँदें पड़ी हुई थीं ॥ 23 ॥

वहाँ से भी चलकर वह एक पिगल कुबेर की राजधानी कैलाश शिखर पर पहुँचे, जहाँ रावण की भयंकर आवाज से पार्वती जी ऐसी डर गईं कि अपनी कोमल भुजाओं को उन्होंने शंकर जी के गले में डाल दिया और दृढ़ता से उनसे चिपक गईं। वहाँ पर उन्होंने उजली चाँदनी रात का यथेष्ट आनन्द अनुभव किया ॥ 24 ॥

वहाँ से चलकर शिवजी एक बार जब मलय पर्वत पर पहुँचे तो वहाँ की चन्दन की डालियों को कँपाने वाले लवंग और केसर की मादक सुगन्धि से युक्त दक्षिण वायु ने पार्वती जी की थकान को उसी प्रकार दूर कर दिया, जिस प्रकार कोई मृदुभाषी चाटुकार नौकर अपने स्वामी का मन बहलाता है ॥ 25 ॥

वहाँ पार्वती जी ने नदी के जल में विहार किया और उसके तट पर उत्पन्न सुनहले कमलों से महादेव जी को जब मारा तो उन्होंने अपने कर-कमलों से उनकी आँखों को मूँद लिया। उस समय मछलियों ने पार्वती को कमल के आस-पास इस प्रकार आकर घेर लिया कि जैसे वे उनकी दूसरी करधनी बन गई हों ॥ 26 ॥

ऋतुसंहारम् (षष्ठः सर्ग)

...इस ऋतु में स्त्रियों के कानों में नये कनेर के सुन्दर फूल तथा चंचल काली अलकों में अशोक के फूल तथा नवमल्लिका (चमेली) की खिली हुई कलियाँ अतीव सुन्दर मालूम पड़ती हैं ॥ 6 ॥

कामदेव ने जिनके चित्त को अतीव व्याकुल कर दिया है—ऐसी नितम्बिनी स्त्रियों के स्तन-मंडलों में सफेद चन्दन से गीले (मोती के) हार, भुजाओं में भुजबन्ध (बाजूबन्द) और कंगन तथा जघनस्थलों पर करधनियाँ सुशोभित होती हैं ॥ 7 ॥

इस वसन्त ऋतु में सुनहरे कमल के समान मनोहर एवं चित्रकारी से युक्त रमणियों के मुखों पर फैली हुई पसीने की बूँदें ऐसी दिखाई पड़ती हैं मानो अनेक प्रकार के रत्नों के बीच-बीच में मोती गूँथ दिये गए हों ॥ 8 ॥

आजकल अपने पतियों के समीप रहने पर भी स्त्रियाँ लम्बी साँसें खींचती हुई, वस्त्रों के बंधनों के ढीले हो जाने के कारण अपने कामपीड़ित अंगों को उघाड़कर दिखाती हुई अत्यन्त उत्कंठित हो जाती हैं ॥ 9 ॥

इस वसन्त ऋतु में कामदेव स्त्रियों को इतना पीड़ित कर देता है कि उनका शरीर पीला हो जाता है, वे मद से अलसाई हुई बारम्बार जंभाई लेती हैं और फिर भी उनके सम्पूर्ण अंगों में कुछ अनोखी-सी सुन्दरता भर जाती है ॥ 10 ॥

इस वसन्त ऋतु में लोग दिन में तो वृक्षों की शीतल छाया में रहना चाहते हैं और रात में चन्द्रमा की शीतल किरणों का आनन्द लेना चाहते हैं। (रात्रि में) सोने के लिए भवनों की सुखदायिनी शीतल छतों का आश्रय लेते हैं और कुछ-कुछ ठंडक पड़ते रहने के कारण अपनी प्रियतमाओं को कसकर अपनी छाती से चिपकाए रखते हैं ॥ 11 ॥

इस वसन्त ऋतु में कामदेव रमणियों की मदमाती आँखों में चंचलता, गालों में पीलापन, स्तनों में कठोरता, कटिभाग में नम्रता एवं जघनस्थलों में मोटापा बनकर—अनेक रूप धारण करके निवास करता है ॥ 12 ॥

आजकल कामदेव ने स्त्रियों के अंगों को निद्रा एवं आलस्य से भर दिया है, जिससे वे कुछ-कुछ मदमाती-सी होकर बड़ी कठिनाई से बोल पाती हैं और भौंहों को टेढ़ी करके कटाक्ष के साथ वे देखती हैं ॥ 13 ॥

मद से अलसाई हुई कामिनी रमणियाँ आजकल प्रियंग, कालीयक और केसर के घोल में मृगों की नाभि अर्थात् कस्तूरी मिलाकर चन्दन का लेप अपने गोरे-गोरे स्तनों पर करती हैं ॥ 14 ॥

आजकल कामदेव के मद से अलसाई सुकुमारी रमणियाँ अपने (शिशिर ऋतु के) मोटे-मोटे वस्त्रों को त्याग कर लाक्षा के रंग से रँगे हुए और काले अगुरु के सुगंधित धुएँ से सुवासित महीन वस्त्रों को धारण करती हैं ॥ 15 ॥

पुरुष (नर) कोकिल आम की मंजरियों के रस में मद-मस्त-सा होकर अपनी प्रियतमा कोयल को अतीव प्रेम से प्रसन्न होकर चूम रहा है और कमल पर गुनगुनाता यह भ्रमर भी अपनी प्रियतमा की चाटुकारी कर रहा है ॥ 16 ॥

लाल-लाल नई कोंपलों के स्तबकों से नीचे की ओर झुके हुए और मंजरियों से युक्त शाखाओं से सुशोभित आम के वृक्ष जब आजकल पवन के झोंके में हिलने-डुलने लगते हैं तो रमणियों के चित्त को अतीव उत्सुक बना देते हैं ॥ 17 ॥

प्रवास में रहनेवाला यात्री एक तो पहले ही से अपनी प्रियतमा के वियोग के कारण दुर्बल रहता है; दूसरे, जब वह अपने सामने मार्ग में स्थित मधुर मंद पवन के झोंके से हिलते हुए सुन्दर-सुनहली मंजरियों को गिरानेवाले आम के षृक्षों को देखता है तो कामदेव के वाणों की चोट से वह मूर्च्छित हो जाता है ॥ 30 ॥

यह वसन्त ऋतु हृदय को उत्सुक बनानेवाले कोकिल के मनोहर गीतों से, अपने समय में खिलने वाले कुन्द के पुष्पों की कान्ति से तथा लाल मूँगे के समान वृक्षों के पल्लवों से क्रमशः विलासिनी रमणियों के सुन्दर वचन, उनकी मुस्कुराहट के समय की दाँतों की शोभा एवं उनकी कोपलों के समान कोमल रंग की हथेलियों की मानो खिल्ली उड़ा रहा है ॥ 31 ॥

स्तनों के भार से झुकी हुई सुन्दरी स्त्रियाँ (इस वसन्त ऋतु में) अपने सुवर्ण-कमल के समान सुन्दर गौर वर्ण के कपोलोंवाले मुखों से, गीले चन्दन से पुते एवं मुक्ताहार से सुशोभित स्तन मंडलों से एवं मदमाती तथा चंचल कटाक्षों से युक्त चितवन से शान्तचित्त तपस्वियों के मन को भी डगमग कर देती हैं ॥ 32 ॥

इस वसन्त ऋतु में आसव पीने के कारण सुगन्धित कमल के समान सुन्दरियों का मुख, लोध के पुष्प के समान लाल-लाल उनकी आँखें, नूतन कुरबक के पुष्पों से सुन्दर सजे हुए उनके केशपाश, ऊँचे उठे हुए उनके दोनों स्तन और उसी प्रकार बाहर को निकले हुए उनके स्थूल नितम्ब क्या लोगों के हृदयों में काम की उत्तेजना नहीं कर रहे हैं ॥ 33 ॥

फूले हुए (बौरे हुए) आम के वृक्षों में बसे हुए पवन से, मदमस्त कोकिलों की मधुर कूक से तथा कानों को मधुर लगनेवाली भ्रमरों की सुमधुर गुंजार से मनस्विनी स्त्रियों के मन भी (इस वसन्त ऋतु में) डिग जाते हैं ॥ 34 ॥

मन को खींच लेनेवाली संध्या, खिली हुई चाँदनी, पुरुष कोकिल की मदमाती कूक, सुगन्धि से भरा हुआ पवन, मतवाले भ्रमरों की गुँजार एवं रात्रि के समय मधु-पान—ये सब इस वसन्त ऋतु में कामदेव को उत्तेजित करनेवाले रसायन हैं ॥ 35 ॥

कुमारसम्भव महाकाव्यम् (तृतीय सर्ग)

...ये देवता लोग (शत्रु पर) विजय पाने के लिए शिव के वीर्य से उत्पन्न पुत्र को अपना सेनापति बनाना चाहते हैं। ब्रह्मा के शरीर से उत्पन्न वह शिव इस समय ब्रह्मचर्य का व्रत धारण किए हुए हैं अतः वह केवल एक तुम्हारे ही वाण के छोड़ने से अनुकूल हो सकते हैं ॥ 15 ॥

अतः इस समय तुम ऐसा प्रयत्न करो कि जितेन्द्रिय शिव जी हिमालय की कन्या पार्वती पर मोहित हो जाएँ। स्वयंभू ब्रह्मा ने बताया है कि स्त्रियों में एक वही ऐसी है जो शिव जी के वीर्य को धारण कर सकती है ॥ 16 ॥

इस समय पार्वती अपने पिता (हिमालय) की आज्ञा से हिमालय के शिखर पर तपस्या-निरत शंकर के समीप रह कर ही उनकी उपासना कर रही हैं—यह समाचार मैंने उन अप्सराओं के मुख से सुना है, जो

हमारे गुप्तचर के रूप में कार्यरत हैं॥ 17॥

तो अब तुम इस कार्य को सिद्ध करने के लिए जाओ। यह कार्य तो वैसे भी होना था, किन्तु इस समय तुम्हें इस कार्य का अन्तिम कारण ठीक उसी तरह बनना होगा, जैसे बीज में से अंकुर उगाने के लिए जल को कारण बनना पड़ता है॥ 18॥

तुम धन्य हो कि जो देवताओं को विजय प्राप्त कराने के उपाय में केवल तुम्हारे वाण ही सफल होंगे। पुरुषों की कीर्ति ऐसे ही कामों के करने से होती है, जिन्हें कोई दूसरा न कर सके, भले ही वे काम बड़े हों या न हों॥ 19॥

ये देवता लोग इस कार्य को पूरा करने का तुमसे अनुरोध कर रहे हैं और यह कार्य भी तीनों लोकों के लिए कल्याणकारी है। तुम्हारी शक्ति से भला किसे ईर्ष्या न होगी, क्योंकि तुम्हारे धनुष से जो वाण निकलेंगे, वे घातक नहीं होंगे॥ 20॥

हे कामदेव! यह वसंत तो बिना कहे हुए भी तुम्हारा साथी है। वायु से जाकर कौन कहता है कि तुम चलकर अग्नि को प्रज्वलित करो॥ 21॥

'जो आज्ञा देव'—ऐसा कह कर कामदेव ने स्वामी की आज्ञा को माला की भाँति सिर झुकाकर ग्रहण किया और (गन्तव्य की ओर) चल पड़ा। उसके चलते समय ऐरावत को अंकुश मारते रहने के कारण कर्कश हाथ से इन्द्र ने उसकी पीठ थपथपाई॥ 22॥

कामदेव अपने प्यारे सखा वसन्त एवं अपनी प्रियतमा रति के साथ शिवजी के हिमाच्छादित आश्रम की ओर आशंका समेत चल पड़ा। उसने निश्चय किया कि चाहे प्राण ही क्यों न चले जाएँ, कार्य-सिद्धि तो होनी ही चाहिए॥ 23॥

शिवजी के आश्रयभूत उस (पो) वन में समाधिलीन मुनियों का विरोधी वसन्त अपने उस उन्मादकारी स्वरूप को विकसित करने लगा,

जिस पर कामदेव को अभिमान था॥ 24॥

(अपने साहसी पति द्वारा सदाचरण का अतिक्रमण कर परायी स्त्री में आसक्ति होने पर चतुर स्त्रियाँ अपने मुख से कुछ भी न कह कर केवल दु:ख के दीर्घ नि:श्वास छोड़ती हैं) उसी प्रकार ऊष्णरश्मि सूर्य द्वारा दक्षिणायन काल की मर्यादा को त्यागकर कुबेर की उत्तर दिशा में प्रवृत्त होने पर उनके वियोग में दक्षिण दिशा ने अपने मुख से जो गम्भीर नि:श्वास छोड़ा, वही सुगन्धित मलयानिल होकर बहने लगा॥ 25॥)

छिटपुट प्रसंग

अंगिरा ऋषि की कन्या शाश्वती देवी एक युवा पुरुष के नग्न अंग को देखकर इस प्रकार कहती है—दोनों जांघों के बीच में लटक रहे पुष्ट और लंबे दंड इतना सुंदर भोग करने योग्य तुमने दंड धारण किया हुआ है। इस तरह के उदाहरण एक नहीं, दर्जनों की संख्या में वेद की ऋचाओं में वर्णित हैं।

वैदिक युग में आर (चार) प्रथा बहुत ही व्यापक थी जिसमें किसी भी स्त्री को अविवाहित या विवाहित—यह अधिकार था कि वह अपने पति के अलावा किसी जार को बुलाकर संभोग करवा सकती थी।

बृहदारण्यक उपनिषद में एक श्लोक है (61721713) जिसमें यज्ञ को स्त्री से तुलना करते हुए परिभाषित किया गया है 'स्त्री आग है, शिला है, धुआँ योनि का रोआँ है, ज्वाला स्त्री की कामाग्नि है, चिंगारी आनंद धारा है और आहुति वीर्य है।

इसी उपनिषद में एक और श्लोक में लिखा है—कोई नारी सेज पर समागम के लिए आए तो उसे नहीं छोड़ना।

दामोदर गुज की 'कुट्टनीमत के अनुसार देवदासियों को राज्य से वृत्ति पाने का उल्लेख है। देवदासियों का काम था—पूजा-आरती के समय मंदिर के प्रांगण में नृत्य करना। यह तो हुई ऊपर की बात किंतु गौण और सर्वजन विदित भूमिका होती थी, पुरोहितों की वासना की तृप्ति।

सन् 1921 में तत्कालीन मद्रास में इस प्रथा के विरुद्ध कानून लागू हुआ पर प्रथा जारी रही। 1947 में दुबारा कानून बनाया गया, बावजूद इसके हाल के वर्षों तक यह प्रथा चलती रही।

प्राचीन साहित्य के ज्ञाता देवदत्त पटनायक ने अपने लेख में बताया है कि प्राचीन हिंदू साहित्य में ही नहीं बल्कि बौद्ध-जैन साहित्य में भी एकाधिक बार चर्चा देखने को मिलती है कि समलैंगिक यौनाचार को सामाजिक मान्यता प्राप्त थी।

समलैंगिकता को लेकर उच्चतम न्यायालय ने इसके पक्ष में फैसला दिया तो सनातनधर्मी समाज में हाय-तौबा मच गई और इसे घोर पाप कहकर धर्म पर जबर्दस्त प्रहार बताया।

समलैंगिकता को अधार्मिक कृत्य मानने वाले भले ही वेद-पुराण-शास्त्र न पढ़ें पर कोणार्क व विभिन्न मंदिरों की प्राचीरों पर उन प्रस्तर प्रतिमाओं को देखें जिनमें इस प्रकार के दृश्य उकेरे गए हैं। इतना ही नहीं, आज भी उत्तर भारत में जो गालियाँ प्रचलित हैं, उनमें से बहुतेरी 'गुदा' पर केंद्रित हैं। मसलन गांडू, मुँह में डालेंगे...से निकालेंगे...फाड़ देंगे, गंडमरा आदि-आदि ।इस पर शोध होना चाहिए कि इन गालियों का उद्गम-स्थल कहाँ है। चीजों को बिना जाने-समझे फतवा देना घोर मूर्खता का लक्षण है।

वैदिक काल में विशेषकर ऋग्वैदिक काल में संभोग के मामले में नारियों को काफी स्वतंत्रता प्रास थी। वेदों में इस तरह की ऋचाएँ भरी पड़ी हैं जिसके सामने आज की पोर्नोग्राफी भी मात खा जाए। ऋग्वेद 7412 में 'जैसे विधवा स्त्री शयनकाल में अपने देवर को बुला लेती है, उसी प्रकार यज्ञ में मैं आपको सादर बुला रही हूँ,—यह कथन किसी गणिका का नहीं, घोषा नामक ब्रह्मचारिणी का है।

सेक्स और वर्तमान परिदृश्य

मजे की बात यह है कि इस्लाम में पुरुषों को जन्नत का लालच देते हुए कहा गया है कि उन्हें वहाँ हूरें और गिल्मे (लौंडे) मिलेंगे और मिलेंगी शराब की बहती हुई नदियाँ। किन्तु औरतों के लिए ऐसी कोई व्यवस्था नहीं है। मुसलमान पुरुष भी कम चतुर नहीं। जन्नत की कौन जाने, वे इसी जन्म में अधिक से अधिक भोग लेना चाहते हैं। इसीलिए जनसंख्या के अनुपात को देखते हुए उनमें यौन-अपराध ज्यादा होते हैं, भले ही सामने न आएँ। यही नहीं, उनमें तलाक भी ज्यादा हैं, पर मौलवी और माँ-बाप के डर से ये तथ्य प्रकाश में नहीं आते और लड़कियाँ घर में ही घुटती रहती हैं।

यौन-सम्बन्धों के लिए पुरुषों को तो इहलोक-परलोक, दोनों में काफी आजादी दी गई है। पर औरतों को?

पुरुष कुछ शर्तों के साथ चार शादियाँ कर सकता है। पर औरत?

एक साठ वर्षीय पुरुष को नौ वर्षीय बालिका के साथ विवाह की इजाज़त है, जो धर्म के अनुसार जायज़ मानी जाती है। पर औरत?

अरे भई! काम मनुष्य जाति के जीवन का अभिन्न अंग है। इसको जितना वर्जना में रखेंगे, काम की ज्वाला उतनी ही भड़केगी। इसका मतलब यह भी नहीं कि इसे बेलगाम छोड़ दिया जाए। कुछ तो नियंत्रण होना ही चाहिए।

विभिन्न पौराणिक गाथाओं और प्राचीन ग्रंथों में उद्धृत आख्यानों से यह बात उभरकर आती है कि पुरुष तांत्रिक व्यवस्था के बावजूद वैदिक और पौराणिक काल में काम एवं यौन जीवन की नैसर्गिक सामान्य प्रक्रिया थी। उसे भी उतना ही महत्त्व दिया जाता था जितना अर्थ, धर्म

और मोक्ष को—चाहे यह वाल्मीकि की 'रामायण' हो, कालिदास का 'कुमारसंभव' हो, भर्तृहरी का 'श्रृंगारशतक' हो या पौराणिक कहानियाँ हों। काम उनका अभिन्न अंग था। वह अश्लील साहित्य कदापि नहीं माना जाता था। संभवत: यही कारण है कि जिस तरह हमारे ऋषि आचार्यों ने अर्थशास्त्रों की रचना की, धर्मशास्त्र लिखे, उसी तरह कामशास्त्र भी रचे गए, जिनका उल्लेख विभिन्न परिच्छेदों में किया गया है । कामशास्त्र न तो पोर्नोग्राफिक साहित्य है और न ही सेक्स मैनुअल। कामशास्त्रों के अनुसार काम जीवन को आनंद ही नहीं वरन् ऊर्जा से भी संयुक्त करता है। स्वस्थ और मधुर काम-संबंध सुखी दाम्पत्य जीवन का आधार है और मनुष्य को दैहिक और मानसिक, दोनों तरह से तुष्ट करते हैं। सृष्टि के लिए काम की भूमिका कितनी अहम् है, यह सर्वविदित है । काम न हो तो इस सृष्टि का विकास स्थगित हो जाए और सौंदर्य निर्जीव। काम जीवन की एक प्राकृतिक प्रक्रिया है जिसमें स्त्री-पुरुष की समान साझीदारी से ही जीवन पूर्णता और आनंद को प्राप्त होता है! इसके विपरीत कामेच्छा के दमन से समाज में विकृतियाँ उत्पन्न होती हैं और यौन-अपराध होते हैं।

काम एवं यौन के प्रति इस दृष्टि में कालांतर में, अत्यंत बदलाव आया, विशेषकर मनु एवं श्वेतकेतु के बाद से। ऐसे विधि-विधान बने जिनमें काम-शास्त्रों के विधानों की अवहेलना की गई और काम जीवन की शक्ति के रूप में नहीं अपितु सृष्टि को आगे बढ़ाने वाली प्रजनन-प्रक्रिया के रूप में सिमटकर रह गया। स्मृतियों एवं आचार-संहिताओं में वर्णित विधि-विधानों को धर्मसम्मत करार कर उनके पालन के लिए कड़े नियम बनाए गए जिनका उल्लंघन करने वालों के लिए सजा की व्यवस्था रखी गई। इन विधि-विधानों का सबसे विपरीत और बुरा प्रभाव औरतों की अवस्था पर पड़ा। उनकी स्थिति हीन-पराधीन होती गई। वे मात्र भोग्या और वस्तु बन गईं और समस्त मानवीय अधिकारों से वंचित हो पण में बदल गईं। समाज में व्यभिचार बढ़े, काम-कुंठाएँ, हिंसाएँ और विकृतियाँ बढ़ीं। उदारता की जगह संकीर्णता ने ले ली। रजस्वला होने से पूर्व स्त्री-विवाह धर्मसम्मत हो गया। विधवा होना स्त्री के लिए एक बड़ा

अभिशाप बन गया। वर्जनाओं, प्रताड़नाओं और कठिन कष्टों ने उसके जीवन को इतना दुःखी और कष्टदायक बना दिया कि पति की अरथी के साथ सती हो जाना उसके लिए बेहतर विकल्प बन गया और सतीप्रथा का प्रचलन आम हो गया। भला हो 19 वीं सदी में होने वाले सुधार-आंदोलनों का जिनकी वजह से बाल-विवाह, सती-प्रथा पर कानूनन रोक लगी और विधवा विवाह को कानूनन मान्यता मिली।

आजादी के बाद हालाँकि स्त्री-पुरुषों को संवैधानिक रूप से समान अधिकार मिले जरूर और स्त्रियों की स्थिति बेहतर हुई भी, लेकिन स्त्रियों के प्रति नजरिए और सोच में, शिक्षा के बावजूद कोई खास बदलाव नहीं आया। संकीर्ण, कूपमंडूक और मर्दवादी सोच के कारण समाज की मानसिकता में जड़ता और ठहराव बरकरार है। स्त्री आज भी एक भोग्या है। काम और सेक्स के प्रति लोगों का नजरिया पूर्वग्रह से ग्रस्त, संकीर्ण, दकियानूसी और असंतुलित है। इनकी वजह से समाज में आए दिन जघन्यतम यौन हिंसाएँ, बलात्कार यौन-विकृतियाँ अपने चरम पर हैं। मनोविश्लेषकों और मनोचिकित्सकों के मतानुसार यौन और काम इच्छाओं का दमन कई तरह की मानसिक-शारीरिक बीमारियों, विकृतियों को जन्म देता है। हमारा आज का समाज इसका जीता-जागता गवाह है। जब तक योनि-केंद्रित काम, रूढ़िग्रस्त रुग्ण, विकृत कुंठित मानसिकता में आधारभूत बदलाव नहीं आता, तब तक यौन अपराधों और हिंसाओं से समाज मुक्त नहीं हो सकता। और यह पूरी व्यवस्था में आमूल परिवर्तन बिना संभव नहीं।

सन्दर्भ ग्रंथ

1. *ए क्लासिकल डिक्शनरी ऑफ इंडिया;* जॉन गैरेट; *रूपा एंड कंपनी*
2. *कौटिल्य ऑन लव एंड मौरल्स;* प्रताप चंद्र चंदर; *जयंती*
3. *श्रीदेवी भागवत पुराण;* प्रस्तुति–डॉ. विनय; *डायमंड पॉकेट बुक्स*
4. *उपनिषद प्रकाश;* स्वामी दर्शनानन्द सरस्वती; *प्रकाशक : श्यामलाल वर्मा, बरेली*
5. *ऐतरेयोपनिषद;* गीता प्रेस, गोरखपुर
6. *ऋग्वेद प्रथम (द्वितीय, तृतीय व चतुर्थ खंड);* संपादक : पं. श्रीराम शर्मा आचार्य; *संस्कृति संस्थान, बरेली*
7. *यजुर्वेद;* संपादक : पं. श्रीराम शर्मा आचार्य; *संस्कृति संस्थान, बरेली*
8. *हिन्दी कामसूत्र (जयमंगला टीकासहित);* श्रीदेवदत्त शास्त्री; *चौखम्भा संस्कृत संस्थान, वाराणसी*
9. *भविष्य पुराण (प्रथम खंड);* संपादक : पं. श्रीराम शर्मा आचार्य; *संस्कृति संस्थान, बरेली*
10. *लिंग पुराण (प्रथम खंड);* संपादक : पं. श्रीराम शर्मा आचार्य; *संस्कृति संस्थान, बरेली*
11. *वेद शास्त्र संग्रह;* संपादक : विश्वबन्धु/हिन्दी अनुवाद : प्रभुदयालु अग्निहोत्री; *साहित्य अकादेमी*
12. *मनुस्मृति;* संपादक : पं. गोपाल शास्त्री नेने; *चौखम्भा संस्कृति संस्थान, वाराणसी*
13. *पौराणिक कोश;* राणा प्रसाद शर्मा; *ज्ञानमंडल लिमिटेड, वाराणसी*
14. *भागवत की कथाएँ;* मनुहरि पाठक; *ज्ञान गंगा, दिल्ली*
15. *संक्षिप्त पद्मपुराण;* संपादक–संशोधक : जयदयाल गोयन्दका; *गीता प्रेस, गोरखपुर*

16. *मुंडकोपनिषद;* गीता प्रेस, गोरखपुर
17. *सेक्सुअल सीक्रेट्स;* निक डॉगलस व पेनी स्लिंगर; *ऐरो बुक्स, लंदन*
18. *प्राचीन भारत समाज और नारी;* सुकुमारी भट्टाचार्य; *कैम्प*
19. *वेदान्त–दर्शन (ब्रह्मसूत्र);* व्याख्याकार : हरिकृष्ण दास गोयन्दका; *गीताप्रेस, गोरखपुर*
20. *द मंडूक्य उपनिषद: ऐन एक्स्पोजीशन;* स्वामी कृष्णानन्द; *डिवाइन लाइफ सोसायटी, शिवानन्द नगर*
21. *तीन उपनिषद (ईशावस्य, मुंडक एवं श्वेताश्वर उपनिषद);* व्याख्याकार : नन्दलाल दशोरा; *रणधीर बुक सेल्स (प्रकाशन), हरिद्वार*
22. *फॉर्म्स ऑफ़ द गॉडेस लज्जा गौरी इन इंडियन आर्ट;* कैरोल रैडक्लिफ बोलोन; *मोतीलाल बनारसीदास पब्लिशर्स प्राइवेट लिमिटेड*
23. *कालिदास के काव्य;* सं. : रामप्रताप त्रिपाठी, शास्त्री; *किताब महल प्रा. लि.*
24. *खट्टर काका;* ले. हरिमोहन झा